IKIGAI E UNIVERSITÀ

LA GUIDA INFALLIBILE PER IL TUO SUCCESSO

Sfrutta la filosofia giapponese dell'Ikigai per raggiungere il successo personale e aumentare l'autostima durante il percorso universitario

Leonardo Moriso

1

INDICE

Capitolo 1: Introduzione all'Ikigai 7

Capitolo 2: L'importanza dell'Ikigai durante gli anni universitari 21

Capitolo 3: Scoprire il proprio Ikigai 38

Capitolo 4: Stabilire Obiettivi Significativi 58

Capitolo 5: Gestione del Tempo e delle Priorità 73

Capitolo 1: Introduzione all'Ikigai

Il termine "Ikigai" è una parola giapponese composta da due caratteri: "iki" (生き), che significa "vita", e "gai" (甲斐), che si traduce come "valore" o "ragione". Letteralmente, Ikigai può essere interpretato come "ragione di vita" o "ciò che rende la vita degna di essere vissuta". Tuttavia, questa definizione non cattura pienamente la profondità del concetto, radicato nella cultura giapponese e nelle sue filosofie di vita.

L'Ikigai combina benessere, felicità e autorealizzazione. Non si tratta semplicemente di trovare una singola passione o obiettivo, ma di scoprire un equilibrio tra diverse dimensioni della propria esistenza. Queste dimensioni includono ciò che amiamo fare (passioni), ciò in cui siamo bravi (competenze), ciò di cui il mondo ha bisogno (contributo sociale) e ciò per cui possiamo essere pagati (sostentamento).

L'etimologia del termine "Ikigai" rivela un legame profondo con la filosofia giapponese del vivere nel presente e dell'apprezzare le piccole cose della vita quotidiana. La parola "gai" deriva da "kai", che significa conchiglia, considerate preziose nell'antico

Giappone, suggerendo che il nostro Ikigai è qualcosa di prezioso che dobbiamo cercare e coltivare.

L'idea di Ikigai è strettamente connessa alla longevità e al benessere. Nella regione giapponese di Okinawa, nota per la longevità dei suoi abitanti, il concetto di Ikigai è particolarmente rilevante. Gli Okinawani attribuiscono la loro lunga vita non solo alla dieta e allo stile di vita, ma anche alla presenza di un Ikigai, che fornisce loro una ragione per alzarsi ogni mattina con entusiasmo e determinazione. Studi scientifici hanno rilevato che avere uno scopo nella vita è associato a numerosi benefici per la salute mentale e fisica, inclusa una maggiore longevità.

Ikigai non è una meta da raggiungere, ma un viaggio continuo. È un concetto dinamico che può cambiare nel corso della vita. Ciò che rappresenta il nostro Ikigai a vent'anni può essere molto diverso da quello che sarà a cinquanta. È una continua esplorazione di sé stessi, un processo di scoperta e riscoperta che richiede introspezione e riflessione. Nel contesto universitario, l'Ikigai può aiutare gli studenti a trovare un equilibrio tra le loro aspirazioni personali e le richieste accademiche, guidandoli verso scelte che riflettono i loro veri interessi e talenti.

In definitiva, l'Ikigai è ciò che dà significato e scopo alla nostra vita. È il filo conduttore che unisce passioni, competenze, necessità del mondo e opportunità professionali. Comprendere e coltivare il proprio Ikigai non solo porta a una maggiore soddisfazione personale, ma contribuisce anche a creare un impatto positivo nel mondo.

Esempio di Ikigai nella vita quotidiana

Per comprendere meglio l'Ikigai, possiamo considerare un insegnante appassionato di educazione. Ama il suo lavoro (passione), è bravo nell'insegnare (competenza), la società ha bisogno di una buona educazione (necessità del mondo) e riceve uno stipendio per il suo lavoro (sostentamento). Il suo Ikigai è insegnare, e questo gli fornisce un senso di scopo e soddisfazione profonda.

In sintesi, l'Ikigai è un concetto potente che trasforma il nostro approccio alla vita e al lavoro, unendo il nostro essere interiore con il mondo esterno in un modo che porta significato e soddisfazione a entrambi.

Origine e storia: Breve storia dell'Ikigai e delle sue radici nella cultura giapponese

L'Ikigai ha radici profonde nella cultura giapponese, risalenti a secoli fa. Questo concetto filosofico rappresenta una sintesi di valori e credenze che hanno caratterizzato il modo di vivere del popolo giapponese. L'Ikigai non ha un'origine precisa, ma è emerso come risultato dell'interazione tra diverse filosofie e pratiche culturali.

La cultura giapponese è fortemente influenzata da varie filosofie orientali, come il Buddismo, il Confucianesimo e lo Shintoismo. Queste filosofie enfatizzano l'importanza del vivere in armonia con sé stessi, con gli altri e con la natura. Il concetto di Ikigai riflette questi principi, sottolineando l'importanza di trovare un equilibrio tra le diverse dimensioni della vita.

Nella tradizione buddista, l'attenzione è posta sul raggiungimento dell'illuminazione attraverso la comprensione del vero sé e l'eliminazione della sofferenza. Sebbene l'Ikigai non sia strettamente religioso, condivide con il Buddismo l'idea che la felicità e la soddisfazione derivano dalla conoscenza di sé e dal vivere una vita significativa.

Lo Shintoismo, con la sua enfasi sulla connessione con la natura e il rispetto per tutte le forme di vita, ha anch'esso influenzato l'Ikigai, promuovendo un senso di scopo legato al rispetto e alla cura per il mondo naturale.

Il Confucianesimo, con il suo focus sull'etica, la moralità e il ruolo dell'individuo nella società, ha ulteriormente modellato il concetto di Ikigai. La dottrina confuciana sostiene che ogni individuo ha un ruolo e una responsabilità all'interno della comunità, e che il benessere collettivo è strettamente legato al benessere individuale. Questo si riflette nell'Ikigai, che non è solo una ricerca di soddisfazione personale, ma anche un contributo al bene comune.

In tempi moderni, l'Ikigai è diventato un concetto di interesse globale, grazie alla crescente consapevolezza dell'importanza del benessere olistico. Libri, articoli e seminari sul tema dell'Ikigai hanno diffuso questa filosofia oltre i confini del Giappone, rendendola accessibile a persone di diverse culture. La ricerca del proprio Ikigai è diventata una pratica comune per coloro che cercano una vita più significativa e soddisfacente.

L'Ikigai è un concetto profondamente radicato nella cultura giapponese, influenzato da diverse filosofie orientali. La sua enfasi sull'equilibrio, la connessione con la natura, e il contributo al bene comune riflette i valori centrali della società giapponese. Oggi, l'Ikigai continua a ispirare persone in tutto il mondo a cercare una vita ricca di significato e scopo.

I quattro pilastri dell'Ikigai. Introduzione ai quattro elementi fondamentali

L'Ikigai si basa su quattro elementi fondamentali che, quando si intersecano, rivelano il nostro scopo di vita. Questi quattro pilastri sono: ciò che amiamo, ciò in cui siamo bravi, ciò di cui il mondo ha bisogno e ciò per cui possiamo essere pagati. Esploriamo ciascuno di questi elementi e il loro significato.

1. Ciò che ami (Passione)

Il primo pilastro dell'Ikigai riguarda le nostre passioni e i nostri interessi. Si tratta delle attività che ci fanno sentire vivi, che ci entusiasmano e che faremmo volentieri anche senza essere pagati. Scoprire ciò che amiamo è fondamentale per trovare il nostro Ikigai, poiché le passioni sono una fonte di energia e motivazione inesauribile. Queste attività ci permettono di esprimere la nostra creatività e di trovare gioia nella quotidianità.

2. Ciò in cui sei bravo (Professione)

Il secondo pilastro si concentra sulle nostre competenze e talenti. Questi sono gli aspetti in cui eccelliamo e per cui gli altri ci riconoscono. Sfruttare le proprie abilità non solo ci rende efficaci e produttivi, ma ci dà anche un senso di realizzazione e autostima. Identificare le nostre competenze può richiedere un'attenta auto-riflessione e feedback da parte di altri, ma è essenziale per costruire una carriera soddisfacente e allineata con il nostro Ikigai.

3. Ciò di cui il mondo ha bisogno (Vocazione)

Il terzo pilastro riguarda il nostro contributo alla società. È ciò che il mondo richiede, le necessità e i problemi che possiamo aiutare a risolvere. Questo elemento dà un significato più grande alle nostre azioni, facendoci sentire parte di qualcosa di più grande di noi stessi. L'idea è che il nostro Ikigai dovrebbe avere un impatto positivo sugli altri, migliorando la vita delle persone o della comunità in generale. Quando il nostro lavoro risponde a un bisogno reale, la nostra vita assume un significato profondo e duraturo.

4. Ciò per cui puoi essere pagato (Missione)

L'ultimo pilastro dell'Ikigai è legato alla sostenibilità economica. Questo aspetto riguarda il modo in cui possiamo guadagnare denaro attraverso le nostre passioni e competenze, rispondendo contemporaneamente ai bisogni del mondo. Avere una fonte di reddito che sia allineata con ciò che amiamo e in cui siamo bravi ci permette di vivere una vita equilibrata e soddisfacente. La sostenibilità economica è importante perché ci consente di continuare a perseguire il nostro Ikigai senza preoccupazioni finanziarie.

Intersezione dei quattro pilastri

L'intersezione di questi quattro pilastri rappresenta il nostro Ikigai. Trovare il proprio Ikigai non è un processo immediato, ma un viaggio di scoperta continua. Può richiedere tempo e sperimentazione per capire come questi elementi si intersecano nella nostra vita. Tuttavia, una volta trovato, l'Ikigai diventa una potente fonte di motivazione e soddisfazione, guidandoci verso una vita piena di significato e scopo.

Combinare ciò che amiamo, ciò in cui siamo bravi, ciò di cui il mondo ha bisogno e ciò per cui possiamo essere pagati ci permette di vivere una vita equilibrata e ricca di soddisfazioni. L'Ikigai non è solo un concetto filosofico, ma una guida pratica per costruire una vita che valga la pena di essere vissuta.

Benefici dell'Ikigai: Descrizione dei benefici fisici, mentali e emozionali

L'Ikigai, come concetto che unisce passione, talento, contributo sociale e sostenibilità economica, offre una serie di benefici che toccano vari aspetti della nostra vita. Esploriamo i principali benefici fisici, mentali ed emotivi che derivano dal trovare e coltivare il proprio Ikigai.

Benefici fisici

Uno dei benefici fisici più evidenti dell'Ikigai è la promozione della longevità. Studi condotti in Giappone hanno rivelato che le persone che identificano e perseguono il loro Ikigai tendono a vivere più a lungo (abbiamo fatto l'esempio della regione di Okinawa). Questo è in parte dovuto al fatto che avere uno scopo nella vita motiva le persone a prendersi cura della propria salute. Gli individui che sentono di avere uno scopo significativo sono più propensi a mantenere uno stile di vita sano, seguire una dieta equilibrata e rimanere fisicamente attivi. Inoltre, la riduzione dello stress derivante dal vivere in modo allineato con il proprio Ikigai può portare a una minore incidenza di malattie legate allo stress, come l'ipertensione e le malattie cardiache.

Benefici mentali

A livello mentale, l'Ikigai contribuisce a una maggiore chiarezza e concentrazione. Quando abbiamo uno scopo chiaro, le nostre decisioni e azioni sono guidate da questo scopo, riducendo la confusione e l'incertezza. L'Ikigai fornisce una direzione e un senso di orientamento, rendendo più facile affrontare le sfide e le difficoltà quotidiane. Inoltre, sapere che stiamo lavorando verso qualcosa di significativo può aumentare la nostra resilienza mentale, permettendoci di recuperare più rapidamente dai fallimenti e dalle battute d'arresto. Questo senso di scopo e direzione può anche migliorare le nostre capacità di problem-solving e la nostra creatività, poiché siamo più motivati a trovare soluzioni innovative e a superare gli ostacoli.

Benefici emotivi

Emotivamente, l'Ikigai è una fonte di gioia e soddisfazione profonda. Trovare e vivere il proprio Ikigai porta a un senso di realizzazione e felicità che va oltre il semplice piacere momentaneo. Questo tipo di felicità è radicato in un senso di contributo e di fare la differenza nel mondo, il che può portare a un aumento dell'autostima e della fiducia in sé stessi. Inoltre, l'Ikigai può favorire relazioni più profonde e significative. Quando viviamo in modo autentico e in linea con i nostri valori, attraiamo persone che condividono simili visioni e scopi, creando un senso di comunità e appartenenza.

L'Ikigai offre una vasta gamma di benefici che migliorano la nostra vita su diversi livelli. Dal miglioramento della salute fisica e mentale alla promozione della felicità e della soddisfazione emotiva, l'Ikigai rappresenta una guida preziosa per vivere una vita piena di significato e scopo. Trovare il proprio Ikigai non è solo una questione di autorealizzazione personale, ma anche un modo per contribuire positivamente alla società, creando un ciclo virtuoso di benessere individuale e collettivo.

L'Ikigai nel mondo moderno. Come l'Ikigai viene applicato nella vita moderna e la sua rilevanza oggi

L'Ikigai, un concetto profondamente radicato nella cultura giapponese, ha trovato una nuova rilevanza nel mondo moderno. La sua applicazione oggi va oltre le semplici pratiche tradizionali, diventando una guida per affrontare le sfide della vita contemporanea. La ricerca di equilibrio, scopo e benessere è diventata essenziale in un'epoca caratterizzata da rapidità, complessità e cambiamenti continui.

Applicazione nel lavoro e nella carriera

Nel contesto lavorativo, l'Ikigai può aiutare le persone a trovare soddisfazione e realizzazione professionale. Invece di vedere il lavoro solo come un mezzo per guadagnare denaro, l'Ikigai incoraggia a cercare attività lavorative che rispecchino le proprie passioni e competenze, che rispondano a un bisogno sociale e che offrano una retribuzione adeguata. Questo approccio porta a una maggiore soddisfazione sul lavoro, riduce il burnout e aumenta la produttività. Molti professionisti stanno integrando l'Ikigai nella loro vita lavorativa attraverso il bilanciamento tra passioni personali e obiettivi professionali, cercando posizioni che offrano significato e scopo oltre al semplice guadagno.

Benessere personale e salute mentale

Nella sfera personale, l'Ikigai svolge un ruolo cruciale nel promuovere il benessere mentale e fisico. In un'epoca in cui lo stress e l'ansia sono prevalenti, avere un Ikigai può fornire un'ancora di stabilità. Trovare il proprio Ikigai aiuta a ridurre lo stress, poiché si ha una chiara direzione e motivazione. Inoltre, l'Ikigai incoraggia l'adozione di uno stile di vita sano e bilanciato, promuovendo attività che portano gioia e soddisfazione, come hobby, esercizio fisico e meditazione.

Relazioni interpersonali

L'Ikigai può anche migliorare le relazioni interpersonali. Vivere secondo il proprio Ikigai favorisce l'autenticità, attrarre persone che condividono valori e interessi simili. Questo crea relazioni più profonde e significative. Inoltre, la filosofia dell'Ikigai, che include il contributo al bene comune, incoraggia atteggiamenti altruistici e collaborativi, rafforzando il tessuto sociale.

Impatto sociale e comunitario

A livello comunitario, l'Ikigai può ispirare progetti sociali e iniziative di volontariato. Le persone motivate dal loro Ikigai spesso cercano modi per fare la differenza nella loro comunità, che si tratti di sostenibilità ambientale, educazione, assistenza sociale o altre cause. Questo contributo non solo migliora la società, ma offre anche un profondo senso di realizzazione personale.

Tecnologia e Ikigai

Anche la tecnologia può giocare un ruolo nel trovare e coltivare l'Ikigai. Le piattaforme digitali offrono strumenti per esplorare interessi, acquisire nuove competenze e connettersi con persone e cause affini. App di meditazione, corsi online, e community virtuali possono aiutare gli individui a scoprire e perseguire il loro Ikigai in modi innovativi.

L'Ikigai, con le sue radici tradizionali, ha dimostrato di essere estremamente pertinente nel mondo moderno. Offre una struttura per navigare le complessità della vita contemporanea, aiutando le persone a trovare equilibrio, scopo e felicità. La sua applicazione pratica può migliorare la qualità della vita in molteplici modi, rendendolo un concetto universale e atemporale.

Capitolo 2: L'importanza dell'Ikigai durante gli anni universitari

Gli anni universitari possono essere un periodo di grande crescita personale, ma anche di sfide significative. Trovare motivazione e scopo nelle attività accademiche è essenziale per affrontare questo percorso in maniera proficua e serena. L'Ikigai, con i suoi quattro pilastri, può fornire una guida preziosa per navigare queste esperienze.

4. Scoprire ciò che ami (Passione)

Il primo passo per applicare l'Ikigai agli studi universitari è identificare ciò che ami. Questo può significare scegliere corsi e progetti che risveglino il tuo interesse e la tua curiosità. Se ami ciò che studi, sarai naturalmente più motivato e coinvolto. Anche all'interno di un curriculum obbligatorio, cerca di trovare aspetti che ti affascinano e coltiva la tua passione attraverso attività extracurriculari, club universitari e progetti personali. Dedica del tempo a esplorare diverse materie e attività. Partecipa a seminari, conferenze e gruppi di studio per scoprire cosa ti entusiasma di più.

2. Utilizzare le tue competenze (Professione)

Il secondo pilastro dell'Ikigai si basa su ciò in cui sei bravo. Identificare le tue competenze e talenti può aiutarti a scegliere corsi e progetti in cui puoi eccellere. Questo non solo migliorerà le tue prestazioni accademiche, ma aumenterà anche la tua autostima e fiducia in te stesso. Fai un'auto-riflessione sulle tue abilità e chiedi feedback a professori e compagni di corso. Cerca opportunità per applicare le tue competenze in progetti pratici, stage e lavori part-time.

3. Contribuire a ciò di cui il mondo ha bisogno (Vocazione)

Il terzo pilastro dell'Ikigai riguarda il contributo che puoi dare alla società. Riflettere su come le tue scelte accademiche possono avere un impatto positivo sul mondo può fornire un senso di scopo più grande. Considera come le tue conoscenze e competenze possono risolvere problemi reali e soddisfare bisogni della comunità. Partecipa a iniziative di volontariato, progetti di servizio comunitario o associazioni studentesche che si occupano di cause sociali. Questo ti aiuterà a vedere il valore del tuo lavoro accademico nel contesto più ampio della società.

4. Cercare sostenibilità economica (Missione)

L'ultimo pilastro riguarda la sostenibilità economica. È importante considerare come le tue scelte accademiche possano portare a una carriera remunerativa. Questo non significa sacrificare le tue passioni, ma trovare un equilibrio tra ciò che ami, ciò in cui sei bravo e ciò per cui puoi essere pagato. Ricerca le opportunità di carriera legate ai tuoi studi. Parla con professionisti del settore, partecipa a fiere del lavoro e cerca stage che possano darti una prospettiva reale sul mercato del lavoro.

Integrando l'Ikigai nelle attività accademiche

Integrare l'Ikigai nelle attività accademiche significa cercare un equilibrio tra queste quattro dimensioni. Puoi fare questo attraverso una pianificazione consapevole del tuo percorso di studi, scegliendo corsi e attività che rispecchiano i tuoi interessi, abilità e aspirazioni. Inoltre, mantenere una mentalità aperta e flessibile ti permetterà di adattarti e crescere attraverso le esperienze universitarie. Crea una mappa dell'Ikigai personale, identificando le tue passioni, competenze, contributi sociali e opportunità economiche. Usa questa mappa come guida per prendere decisioni accademiche e professionali.

Utilizzare il metodo Ikigai durante gli anni universitari può trasformare la tua esperienza, aiutandoti a trovare motivazione e scopo in ogni attività. Questo approccio ti permetterà di affrontare gli studi con serenità e determinazione, preparandoti al successo personale e professionale.

Riduzione dello stress: Tecniche di Ikigai per gestire lo stress universitario

Gli anni universitari, pur essendo un periodo di crescita e apprendimento, possono anche essere fonte di notevole stress. L'Ikigai, con i suoi principi di equilibrio e significato, offre tecniche efficaci per gestire e ridurre lo stress. Ecco cinque esempi pratici di tecniche di Ikigai utili per affrontare lo stress universitario.

4. Fai ciò che ami

Dedicare del tempo alle proprie passioni può essere un potente antistress. Che si tratti di dipingere, suonare uno strumento musicale, scrivere, praticare uno sport o qualsiasi altra attività che ti entusiasmi, ritagliarsi momenti per queste attività aiuta a rilassarsi e a ricaricare le energie. Dedica almeno 30 minuti al giorno a un'attività che ami. Inseriscila nel tuo programma settimanale come un appuntamento fisso, evitando di saltarlo anche nei periodi più impegnativi.

2. Praticare la mindfulness

L'Ikigai enfatizza l'importanza di vivere nel presente e apprezzare i momenti quotidiani. La pratica della mindfulness, che consiste nel concentrarsi sul momento presente in modo non giudicante, può aiutare a ridurre lo stress e migliorare la concentrazione. Inizia la giornata con una breve sessione di meditazione mindfulness. Anche solo 10 minuti di respirazione consapevole possono aiutarti a iniziare la giornata con maggiore calma e chiarezza mentale.

3. Persegui obiettivi concreti

Perseguire obiettivi concreti e realisticamente raggiungibili ti aiuta a mantenere il focus e a evitare la sensazione di essere sopraffatto. Suddividi i compiti grandi in piccoli passi gestibili, celebrando i successi lungo il percorso. Utilizza un planner o un'app per la gestione del tempo per suddividere i compiti settimanali e giornalieri. Stabilire micro-obiettivi ti permetterà di avere una visione chiara delle tue attività e di ridurre l'ansia legata alle scadenze.

4. Rafforza i legami sociali

Costruire relazioni significative, rafforzando i legami sociali creati durante il percorso, ti aiuta nella gestione delle fatiche giornaliere. Le connessioni sociali positive sono fondamentali per il benessere emotivo e possono fungere da supporto nei momenti di stress. Trova il tempo per stare con amici e familiari. Organizza regolarmente incontri, anche virtuali, per condividere esperienze e sentirsi sostenuti. Essere parte di una comunità aiuta a ridurre il senso di isolamento e a migliorare l'umore.

5. Praticare la gratitudine

L'Ikigai invita a trovare significato anche nelle piccole cose della vita quotidiana. Praticare la gratitudine può aiutare a cambiare la prospettiva, focalizzandosi sugli aspetti positivi anziché su quelli stressanti. Tieni un diario della gratitudine, annotando ogni giorno almeno tre cose per cui sei grato. Questo semplice esercizio può migliorare significativamente il tuo umore e ridurre i livelli di stress.

Integrare queste tecniche di Ikigai nella tua routine quotidiana può aiutarti a gestire lo stress universitario in modo più efficace. Dedicare tempo alle passioni, praticare la mindfulness, stabilire obiettivi realistici, costruire relazioni significative e praticare la gratitudine sono tutti modi concreti per trovare equilibrio e serenità durante gli anni universitari. L'Ikigai non solo ti aiuta a ridurre lo stress, ma ti guida verso una vita accademica più appagante e significativa.

Aumento della soddisfazione personale: Come l'Ikigai può migliorare la soddisfazione durante gli studi

Gli anni universitari rappresentano un periodo di grandi sfide e cambiamenti, ma anche di immense opportunità per la crescita personale e accademica. Applicare il concetto di Ikigai alla vita universitaria può significativamente migliorare la soddisfazione personale e rendere l'esperienza educativa più gratificante.

L'Ikigai incoraggia a perseguire le proprie passioni e a trovare gioia nelle attività quotidiane. Quando gli studenti scelgono corsi e attività che risvegliano il loro interesse, l'apprendimento diventa un'esperienza più coinvolgente e meno gravosa. Questo entusiasmo verso ciò che si studia alimenta la motivazione, rendendo lo studio un piacere piuttosto che un dovere.

Inoltre, concentrarsi sullo sviluppo delle proprie competenze contribuisce a un senso di realizzazione. Quando gli studenti vedono i risultati tangibili dei loro sforzi, come miglioramenti nei voti o nella comprensione di un argomento complesso, si sentono più sicuri e soddisfatti del loro percorso accademico. Il progresso personale diventa una fonte di autostima e felicità.

L'Ikigai ti fa sentire parte di qualcosa di più grande. Gli studenti che trovano modi per applicare le loro conoscenze in attività che hanno un impatto positivo sulla società sperimentano una maggiore soddisfazione personale. Il senso di scopo derivante dal sapere che il proprio lavoro può fare la differenza per gli altri conferisce un significato più profondo agli studi.

Trovare un equilibrio tra studio e vita personale è essenziale per il benessere. Gli studenti che riescono a bilanciare gli impegni accademici con le attività personali e sociali tendono a essere più soddisfatti e meno stressati. Questo equilibrio permette di evitare il burnout e di mantenere un livello costante di energia e motivazione, favorendo una vita universitaria più armoniosa.

Inoltre, riconoscere i progressi e celebrare i successi, anche quelli piccoli, è cruciale per mantenere alta la motivazione. Riflettere sui traguardi raggiunti e sulle difficoltà superate aiuta a consolidare la fiducia in sé stessi e a guardare avanti con ottimismo. La gratificazione che deriva dal riconoscimento dei propri successi alimenta la passione per il percorso intrapreso e rafforza il senso di scopo.

Integrare l'Ikigai nella vita universitaria trasforma l'esperienza accademica in un viaggio di scoperta personale e di realizzazione. Questo approccio olistico non solo migliora il benessere personale, ma prepara anche gli studenti a una vita professionale e personale più appagante e significativa. L'Ikigai offre una prospettiva che unisce passione, progresso e significato, creando una base solida per un futuro di successo e soddisfazione.

Ikigai e produttività: Relazione tra il trovare il proprio Ikigai e l'aumento della produttività

Trovare il proprio Ikigai, ovvero il proprio scopo di vita, può significativamente aumentare la produttività di uno studente, migliorando l'efficienza nello studio e preparando al meglio per un futuro professionale produttivo.

Quando uno studente scopre il proprio Ikigai, trova una forte motivazione intrinseca che rende ogni attività più significativa.

Ad esempio, un appassionato di biologia marina che riconosce il suo Ikigai nel preservare gli oceani troverà molto più facile dedicarsi con passione agli studi di ecologia e scienze ambientali. Questa motivazione non solo rende lo studio più piacevole, ma aumenta anche la capacità di concentrarsi e di lavorare in modo più efficiente, riducendo la procrastinazione.

Avere chiaro il proprio Ikigai aiuta gli studenti a stabilire priorità chiare. Prendiamo ad esempio uno studente di ingegneria che si sente chiamato a sviluppare tecnologie sostenibili. Sapere che il suo lavoro ha un significato più ampio lo aiuta a focalizzarsi sugli obiettivi principali, come acquisire competenze specifiche in ingegneria ambientale e partecipare a progetti che promuovono la sostenibilità. Questo approccio mirato consente di utilizzare il tempo in modo più produttivo, portando a una migliore organizzazione delle attività quotidiane.

L'Ikigai incoraggia anche uno studio più approfondito e appassionato. Quando gli studenti sono veramente interessati a ciò che studiano, come un futuro medico che vede il suo Ikigai nel salvare vite umane, sono più propensi a impegnarsi in modo proattivo, cercando di comprendere a fondo gli argomenti. Questo atteggiamento non solo migliora i risultati accademici, ma costruisce anche una base solida di conoscenze e competenze che sarà preziosa nel futuro professionale.

Un altro esempio è uno studente di economia che trova il proprio Ikigai nel contribuire a ridurre le disuguaglianze economiche. Questa consapevolezza lo spinge a scegliere corsi di studio e opportunità di ricerca che si allineano con il suo scopo, permettendogli di sviluppare competenze specifiche e di creare una rete di contatti nel settore. La passione per il suo Ikigai rende più facile affrontare le sfide accademiche e mantenere alta la motivazione.

Trovare il proprio Ikigai non solo aumenta la produttività durante gli studi, ma prepara anche gli studenti a un futuro professionale più soddisfacente e produttivo. Ad esempio, uno studente di design che identifica il suo Ikigai nel creare prodotti che migliorano la qualità della vita delle persone svilupperà una mentalità resiliente e proattiva. Questa attitudine è fondamentale nel mondo del lavoro, dove la capacità di adattarsi e di affrontare le sfide con determinazione e creatività è altamente valorizzata.

Inoltre, la consapevolezza di sé e la chiarezza degli obiettivi acquisiti attraverso l'Ikigai permettono di fare scelte di carriera più informate e allineate con le proprie passioni e competenze. Un giovane laureato in scienze politiche che vede il suo Ikigai nel promuovere la giustizia sociale sarà più motivato a intraprendere una carriera nel settore pubblico o in organizzazioni non governative, riducendo il rischio di insoddisfazione e cambiamenti di carriera non necessari.

Trovare il proprio Ikigai può trasformare l'esperienza universitaria, rendendola più produttiva e significativa. L'Ikigai offre una bussola per navigare gli anni universitari con chiarezza e scopo, portando a una vita di successo e realizzazione.

Testimonianze di studenti: Esempi reali di studenti che hanno beneficiato dell'Ikigai

L'applicazione del concetto di Ikigai durante gli anni universitari ha portato numerosi benefici agli studenti, aiutandoli a trovare un equilibrio tra le loro passioni, competenze, bisogni del mondo e opportunità professionali. Ecco quattro testimonianze di studenti che hanno trovato il loro Ikigai e ne hanno tratto vantaggi significativi.

4. Roberto Zampieri – Secondo anno di Ingegneria Ambientale

Roberto, uno studente del secondo anno di Ingegneria Ambientale, ha sempre avuto una forte passione per l'ambiente e la sostenibilità. Tuttavia, all'inizio del suo percorso universitario, sentiva una certa insoddisfazione e mancanza di scopo. Dopo aver scoperto il concetto di Ikigai, ha iniziato a riflettere su come combinare la sua passione per l'ambiente con le sue competenze ingegneristiche. Ha deciso di concentrarsi su progetti di ricerca che promuovessero soluzioni innovative per la gestione dei rifiuti e l'energia rinnovabile. Questo allineamento tra i suoi interessi e studi non solo ha aumentato la sua motivazione, ma gli ha anche permesso di eccellere accademicamente. Roberto ha iniziato a collaborare con professori e altri studenti su progetti di sostenibilità, trovando un profondo senso di realizzazione e scopo. Il suo impegno gli ha aperto porte per stage in aziende del settore, preparandolo per una carriera che non solo lo appassiona ma che può anche avere un impatto positivo sul mondo.

2. Angelica Bianchi – Terzo anno di Psicologia

Angelica Bianchi, al terzo anno di Psicologia, si è sentita spesso sopraffatta dalle esigenze del suo corso di studi. Nonostante la sua passione per la psicologia, il carico di lavoro e le aspettative accademiche le causavano ansia e stress. Dopo aver partecipato a un workshop sull'Ikigai organizzato dall'università, Angelica ha cominciato a esplorare come applicare questo concetto alla sua vita. Ha identificato il suo Ikigai nel voler aiutare gli altri a superare le difficoltà emotive, combinando il suo amore per la psicologia con la sua abilità nel fornire supporto empatico. Questo nuovo focus ha cambiato il suo approccio agli studi: ha iniziato a vedere ogni esame e progetto come un passo verso il suo obiettivo più grande. Angelica ha anche avviato un gruppo di supporto tra pari per aiutare altri studenti a gestire lo stress accademico, rafforzando ulteriormente il suo senso di scopo e contribuendo al benessere della comunità universitaria.

3. Luca Silvestri – Secondo anno magistrale di Filologia Classica

Luca Verdi, studente all'ultimo anno di magistrale in Filologia Classica, si trovava in un momento di incertezza riguardo al suo futuro professionale. Pur essendo affascinato dalla letteratura e dalle lingue, non riusciva a vedere un chiaro percorso di carriera che combinasse le sue passioni con una prospettiva lavorativa concreta. La scoperta del concetto di Ikigai ha cambiato la sua visione, aiutandolo a trovare un senso di scopo e direzione.

Durante un seminario sull'Ikigai organizzato dalla sua università, Luca ha iniziato a riflettere su come potesse utilizzare le sue competenze filologiche per fare una differenza significativa nel mondo. Ha riconosciuto il suo Ikigai nel voler preservare e diffondere la conoscenza della letteratura classica e delle lingue antiche. Questa consapevolezza lo ha portato a concentrarsi su progetti di digitalizzazione di manoscritti antichi e traduzione di testi dimenticati. Questo nuovo scopo ha trasformato il suo approccio agli studi. Luca ha iniziato a vedere ogni ricerca e ogni esame come un'opportunità per avvicinarsi al suo obiettivo più grande. Ha dedicato il suo tempo libero alla collaborazione con biblioteche e archivi, contribuendo alla conservazione digitale di opere letterarie rare. Questo lavoro non solo gli ha permesso di applicare le sue conoscenze in modo pratico, ma ha anche rafforzato il suo impegno e la sua passione per il suo campo di studi.

Grazie all'allineamento tra le sue passioni, competenze e il contributo alla società, Luca ha ricevuto offerte di lavoro da diverse istituzioni culturali e accademiche. Ha scelto di lavorare per una biblioteca nazionale, dove può continuare a perseguire il suo Ikigai, contribuendo alla preservazione del patrimonio letterario e promuovendo l'accesso alla conoscenza per le future generazioni.

4. Laura Ferrari – Primo anno di Scienze della Comunicazione

Laura Ferrari, al primo anno di Scienze della Comunicazione, si sentiva spesso indecisa riguardo al suo percorso di studi e alle sue prospettive future. Dopo aver letto un libro sull'Ikigai, Laura ha iniziato a riflettere su cosa la rendesse veramente felice e su come potesse combinare le sue abilità di comunicazione con il bisogno di contribuire alla società. Ha deciso di concentrarsi sulla comunicazione per il cambiamento sociale, utilizzando le sue competenze per sensibilizzare il pubblico su temi come i diritti umani e la sostenibilità ambientale. Questo nuovo scopo ha reso i suoi studi più significativi, migliorando la sua motivazione e produttività. Laura ha iniziato a collaborare con ONG e ha creato una piattaforma online per discutere di questi argomenti, trovando un profondo senso di realizzazione e preparando il terreno per una carriera significativa nel campo della comunicazione sociale.

Queste testimonianze dimostrano come trovare il proprio Ikigai possa trasformare l'esperienza universitaria, aumentando la produttività e la soddisfazione personale. Identificare e perseguire il proprio scopo rende lo studio più significativo, favorisce il successo accademico e prepara gli studenti a un futuro professionale gratificante e allineato con le loro passioni e competenze.

Capitolo 3: Scoprire il proprio Ikigai

Scoprire ciò che ami fare è il primo passo verso la realizzazione del tuo Ikigai. Un esercizio utile è il **Diario delle Passioni**. Dedica 10-15 minuti ogni sera per riflettere sulle attività svolte durante la giornata. Annota tutto ciò che ti ha dato gioia o soddisfazione. Dopo una settimana, rileggi le tue note e cerca pattern o attività ricorrenti che ti hanno reso felice. Potresti scoprire che ami leggere, scrivere, aiutare gli altri, o creare qualcosa con le tue mani.

Un altro esercizio efficace è la **Mappa Mentale delle Passioni**. Prendi un grande foglio di carta e disegna un cerchio al centro con scritto "Io". Da questo cerchio, traccia delle linee verso altri cerchi che rappresentano attività che ti piacciono. Ad esempio, se ami il disegno, scrivi "Disegnare" in un cerchio collegato al cerchio centrale. Da "Disegnare", puoi tracciare ulteriori linee verso cerchi che rappresentano stili o tecniche che ti interessano, come "Acquerello" o "Schizzi". Questa mappa visiva ti aiuterà a vedere chiaramente le tue passioni e come sono collegate tra loro.

Riflettere sui momenti di gioia e soddisfazione

Riflettere sui momenti di gioia e soddisfazione è essenziale per comprendere le tue passioni. Un esercizio semplice è il **Taccuino delle Gioie**. Ogni giorno, scrivi tre momenti che ti hanno dato gioia o soddisfazione, non importa quanto piccoli o insignificanti possano sembrare. Dopo un mese, rileggi i tuoi appunti e cerca di identificare temi comuni. Potresti scoprire che ti senti felice quando aiuti qualcuno, quando lavori su un progetto creativo, o quando impari qualcosa di nuovo.

Un'altra tecnica è il **Viaggio nei Ricordi**. Trova un posto tranquillo dove non sarai disturbato e prendi un taccuino. Chiudi gli occhi e pensa ai momenti della tua vita in cui ti sei sentito veramente felice e soddisfatto. Annota questi ricordi nel taccuino, descrivendo dettagliatamente cosa stavi facendo, con chi eri e come ti sentivi. Questo esercizio ti aiuterà a identificare attività e situazioni che portano gioia nella tua vita.

Come integrare le passioni nella vita quotidiana

Integrare le tue passioni nella vita quotidiana è fondamentale per vivere secondo il proprio Ikigai. Se scopri che una delle tue passioni è cucinare, cerca di dedicare del tempo ogni settimana per sperimentare nuove ricette o partecipare a corsi di cucina. Se ami scrivere, prova a tenere un blog o a partecipare a concorsi di scrittura.

Un altro modo per integrare le passioni nella vita quotidiana è il **Piano delle Passioni**. Crea un calendario settimanale e riserva del tempo per le attività che ami. Ad esempio, se ti piace fare sport, programma delle sessioni di allenamento regolari. Se ami leggere, dedica mezz'ora al giorno alla lettura di libri che ti appassionano.

Inoltre, cerca di combinare le tue passioni con le tue responsabilità quotidiane. Ad esempio, se ami la musica e devi studiare, crea playlist che ti motivino e ti aiutino a concentrarti. Se ti piace stare all'aperto e devi fare esercizio fisico, scegli attività come il trekking o il ciclismo.

Integrare le passioni nella vita quotidiana non solo ti aiuterà a vivere in modo più soddisfacente e appagante, ma ti permetterà anche di affrontare le sfide quotidiane con maggiore energia e motivazione. Vivere secondo il tuo Ikigai significa fare ciò che ami e che ti fa sentire vivo, ogni singolo giorno.

Valutazione delle Competenze

Riconoscere e valorizzare le proprie abilità

Scoprire il proprio Ikigai richiede una profonda consapevolezza delle proprie competenze. Riconoscere e valorizzare le proprie abilità è un passo essenziale per capire in cosa si è bravi e come queste abilità possono essere utilizzate per contribuire al mondo. Le competenze possono essere suddivise in due categorie principali: competenze tecniche e competenze trasversali. Le competenze tecniche riguardano conoscenze specifiche, come la programmazione, la scrittura accademica o l'uso di software particolari. Le competenze trasversali, invece, includono abilità come la comunicazione, il problem solving e la gestione del tempo.

Un buon punto di partenza è fare un inventario delle proprie competenze. Prendi un foglio di carta o usa un'app per prendere appunti e scrivi tutte le abilità che possiedi, sia tecniche che trasversali. Rifletti su tutte le attività che hai svolto, dai progetti scolastici ai lavori part-time, e annota le abilità che hai utilizzato e sviluppato in ciascuna esperienza. Una volta identificato questo elenco, valuta il tuo livello di competenza su una scala da 1 a 5, dove 1 indica una competenza di base e 5 rappresenta una padronanza avanzata. Questo ti aiuterà a identificare le aree in cui eccelli e quelle che potrebbero richiedere ulteriore sviluppo.

Feedback da amici, familiari e insegnanti

Il feedback è uno strumento prezioso per ottenere una visione obiettiva delle tue competenze. Chiedere a persone fidate il loro parere sulle tue abilità può fornire nuove prospettive e aiutarti a identificare punti di forza e debolezze che potresti non aver notato. Di seguito, un esempio di come una conversazione di feedback potrebbe svolgersi sotto forma di intervista:

Intervistatore: "Ciao Marco, sto lavorando su un progetto per migliorare la mia comprensione del metodo Ikigai e mi sarebbe utile avere un tuo parere sulle mie competenze. Quali pensi siano i miei punti di forza?"

Marco (Amico): "Ciao! Certo, posso aiutarti. Penso che tu sia davvero bravo nella comunicazione. Ogni volta che lavoriamo insieme a un progetto, riesci sempre a spiegarti in modo chiaro e a far capire bene le tue idee."

Intervistatore: "Grazie, Marco. Apprezzo molto. Ci sono altre abilità che pensi io abbia sviluppato bene?"

Marco: "Sì, sei anche molto organizzato. Hai sempre una chiara pianificazione di ciò che bisogna fare e riesci a gestire bene il tempo, anche sotto pressione."

Intervistatore: "Ottimo, è molto utile. Cosa ne pensi, mamma? Quali pensi siano le mie competenze principali?"

Mamma (Familiare): "Beh, amore, penso che tu sia molto empatico. Hai sempre un occhio di riguardo per gli altri e riesci a capire le loro emozioni, il che ti rende un ottimo ascoltatore e amico."

Intervistatore: "Grazie, mamma. È davvero bello sentirtelo dire. E tu, Professore Rossi, cosa diresti delle mie competenze accademiche?"

Professore Rossi (Insegnante): "Direi che hai una grande capacità di analisi critica. Nei tuoi elaborati, riesci sempre a fornire una prospettiva ben articolata e supportata da evidenze solide. Inoltre, la tua capacità di problem solving è notevole, riesci a trovare soluzioni innovative ai problemi complessi."

Metodi per migliorare e affinare le proprie competenze

Una volta identificati i tuoi punti di forza e le aree da migliorare, è importante mettere in atto strategie concrete per affinare le tue competenze. Ecco alcuni metodi pratici:

1. **Corsi e Workshop:** Partecipare a corsi online o workshop può essere un ottimo modo per sviluppare competenze specifiche. Piattaforme come Coursera, Udemy e LinkedIn Learning offrono una vasta gamma di corsi in vari campi. Ad esempio, se vuoi migliorare le tue competenze in programmazione, puoi iscriverti a un corso su Python o Java.

2. **Pratica Costante:** La pratica è essenziale per il miglioramento. Se vuoi migliorare le tue competenze di scrittura, prova a scrivere un articolo o un racconto ogni settimana. Se desideri affinare le tue abilità di presentazione, cerca opportunità per parlare in pubblico, come eventi universitari o gruppi di dibattito.

3. **Mentoring:** Trovare un mentore esperto nel tuo campo di interesse può fornire guida e feedback preziosi. Un mentore può aiutarti a navigare nelle sfide, offrire consigli su come migliorare e condividere la propria esperienza.

4. **Progetti Pratici:** Lavorare su progetti pratici ti permette di applicare le tue competenze in contesti reali. Cerca opportunità di stage, volontariato o progetti freelance.

Queste esperienze non solo migliorano le tue competenze, ma arricchiscono anche il tuo curriculum.

5. **Autoapprendimento:** Utilizza risorse come libri, articoli e video per imparare nuove competenze. L'autoapprendimento ti permette di progredire al tuo ritmo e approfondire argomenti specifici di tuo interesse. Ad esempio, se vuoi migliorare le tue competenze di gestione del tempo, puoi leggere libri come "The Pomodoro Technique" di Francesco Cirillo.

Riconoscere e valorizzare le proprie abilità, ottenere feedback costruttivi da amici, familiari e insegnanti, e adottare metodi concreti per migliorare e affinare le competenze sono passi essenziali nel processo di scoperta del proprio Ikigai. Attraverso questo percorso, non solo acquisirai una maggiore consapevolezza delle tue capacità, ma potrai anche crescere e svilupparti continuamente, avvicinandoti sempre di più al tuo Ikigai.

Riconoscimento dei Bisogni del Mondo

Analisi delle Necessità Sociali e Professionali

Comprendere i bisogni del mondo è un passo cruciale nella scoperta del proprio Ikigai. Questa fase richiede un'analisi attenta delle necessità sia sociali che professionali. Le necessità sociali riguardano le sfide che la società affronta, come l'ambiente, la salute pubblica, l'educazione e la giustizia sociale. Le necessità professionali, invece, includono le competenze e le conoscenze richieste in vari settori lavorativi.

Per iniziare, cerca fonti di informazione affidabili che trattano delle tendenze globali e delle sfide attuali. Leggi articoli, rapporti e studi che analizzano i problemi sociali e professionali del momento. Partecipa a conferenze, seminari e workshop che discutono di questi argomenti. Queste attività ti aiuteranno a comprendere meglio quali sono i bisogni urgenti e dove c'è più necessità di intervento.

Come Identificare Opportunità Dove Poter Fare la Differenza

Una volta che hai una chiara comprensione dei bisogni del mondo, il passo successivo è identificare le opportunità dove puoi fare la differenza. Questo richiede una riflessione su come le tue passioni e abilità possono contribuire a soddisfare queste necessità.

Inizia facendo un elenco delle tue competenze e interessi principali. Ad esempio, se sei appassionato di tecnologia e hai competenze nella programmazione, potresti considerare opportunità nel campo della tecnologia sostenibile o della sicurezza informatica. Se invece sei appassionato di scrittura e comunicazione, potresti cercare modi per contribuire nel settore dell'educazione o della sensibilizzazione pubblica su temi cruciali.

Un altro metodo efficace è partecipare a progetti di volontariato o stage in organizzazioni che affrontano queste sfide. Questo non solo ti darà un'idea pratica di come puoi contribuire, ma ti permetterà anche di acquisire esperienza e fare networking con professionisti del settore.

Collegare le Proprie Passioni e Abilità ai Bisogni del Mondo

Collegare le proprie passioni e abilità ai bisogni del mondo è la chiave per trovare il proprio Ikigai e, allo stesso tempo, avere una carriera universitaria e professionale proficua. Quando riesci a connettere ciò che ami fare e ciò in cui sei bravo con ciò di cui il mondo ha bisogno, non solo troverai maggiore soddisfazione personale, ma avrai anche maggiori possibilità di successo.

Ad esempio, se hai una passione per l'ecologia e sei abile nella gestione dei progetti, potresti focalizzarti su iniziative di sostenibilità ambientale nel tuo campus universitario o unirti a organizzazioni che lavorano su progetti ecologici. Se invece sei uno studente di economia con un forte interesse per l'imprenditoria sociale, potresti collaborare con startup che cercano di risolvere problemi sociali attraverso modelli di business innovativi.

Riconoscere i bisogni del mondo e saperli collegare alle proprie passioni e abilità è essenziale per una carriera accademica e universitaria di successo. Questo approccio non solo ti aiuterà a trovare un significato profondo nelle tue attività, ma ti permetterà anche di distinguerti in un mercato del lavoro competitivo. Le università apprezzano sempre più gli studenti che dimostrano una comprensione delle necessità globali e che si impegnano attivamente per fare la differenza.

Integrare il riconoscimento dei bisogni del mondo nel tuo percorso accademico ti fornirà una prospettiva più ampia e ti preparerà a diventare un leader consapevole e competente. In questo modo, non solo arricchirai la tua esperienza universitaria, ma getterai anche le basi per una carriera professionale significativa e di impatto.

Ricerca di Opportunità Professionali

Esplorare Possibilità di Carriera in Linea con il Proprio Ikigai

Durante il percorso universitario, il metodo Ikigai può diventare un potente strumento per esplorare le possibilità di carriera che meglio si allineano con le proprie passioni, competenze e aspirazioni. Il concetto di Ikigai invita gli studenti a riflettere su quattro domande fondamentali: Cosa amo fare? In cosa sono bravo? Di cosa ha bisogno il mondo? Per cosa posso essere pagato? Rispondere a queste domande aiuta a delineare un percorso professionale significativo e soddisfacente.

Inizia partecipando a eventi di orientamento professionale organizzati dalla tua università. Questi eventi spesso offrono workshop, fiere del lavoro e seminari con professionisti di vari settori, permettendoti di esplorare diverse opportunità. Durante questi incontri, poni domande che ti aiutino a capire come una determinata professione possa soddisfare i tuoi criteri di Ikigai.

Inoltre, partecipa a stage e tirocini in diversi settori. Queste esperienze pratiche ti permettono di applicare le tue competenze in contesti reali, aiutandoti a capire meglio cosa ti appassiona e in cosa eccelli. Un tirocinio non è solo un'opportunità di apprendimento, ma anche un modo per costruire una rete di contatti professionali che può rivelarsi preziosa per il tuo futuro.

Esempi di Professioni che Combinano le Quattro Componenti dell'Ikigai

Il metodo Ikigai può guidarti nell'identificazione di carriere che combinano ciò che ami, in cosa sei bravo, ciò di cui il mondo ha bisogno e per cosa puoi essere pagato. Ecco alcuni esempi:

1. **Ricercatore Ambientale**:

   - **Ciò che ami fare**: Studiare la natura e l'ambiente.

   - **Ciò in cui sei bravo**: Analisi scientifica e ricerca.

   - **Ciò di cui il mondo ha bisogno**: Soluzioni per la sostenibilità ambientale.

   - **Ciò per cui puoi essere pagato**: Finanziamenti e stipendi nel campo della ricerca scientifica.

2. **Ingegnere Biomedico**:

- o **Ciò che ami fare**: Innovare e migliorare le tecnologie mediche.

- o **Ciò in cui sei bravo**: Matematica, fisica e ingegneria.

- o **Ciò di cui il mondo ha bisogno**: Avanzamenti nelle cure mediche e nella tecnologia sanitaria.

- o **Ciò per cui puoi essere pagato**: Salari competitivi nel settore sanitario e tecnologico.

3. **Scrittore e Giornalista Sociale:**

- o **Ciò che ami fare**: Scrivere e raccontare storie.

- o **Ciò in cui sei bravo**: Comunicazione e scrittura creativa.

- o **Ciò di cui il mondo ha bisogno**: Informazione e sensibilizzazione su temi sociali.

- o **Ciò per cui puoi essere pagato**: Vendita di libri, articoli e contributi editoriali.

Creare un Piano di Azione per Perseguire il Proprio Ikigai

Una volta identificate le opportunità di carriera in linea con il proprio Ikigai, è fondamentale creare un piano di azione. Ecco come procedere:

1. **Definisci i tuoi Obiettivi**: Stabilisci obiettivi chiari e realistici a breve, medio e lungo termine. Ad esempio, potresti fissare un obiettivo di ottenere uno stage in un settore di tuo interesse entro un anno.

2. **Cerca Risorse e Opportunità di Apprendimento**: Identifica corsi, workshop, seminari e certificazioni che possono aiutarti a sviluppare ulteriormente le tue competenze. Le risorse offerte dalla tua università, come i corsi di formazione e i laboratori, possono essere particolarmente utili.

3. **Costruisci una Rete di Contatti**: Partecipa a eventi di networking, unisciti a gruppi professionali e sfrutta le piattaforme sociali come LinkedIn per connetterti con professionisti del tuo settore di interesse. Una buona rete di contatti può aprire molte porte nel tuo percorso professionale.

4. **Sperimenta e Rifletti**: Non aver paura di provare diverse esperienze lavorative e di volontariato. Ogni esperienza ti offrirà nuove prospettive e competenze. Dopo ogni esperienza, rifletti su cosa ti è piaciuto e su cosa hai imparato, in modo da affinare sempre più la tua comprensione del tuo Ikigai.

5. **Monitora i tuoi Progressi**: Tieni traccia dei tuoi progressi e rivedi periodicamente i tuoi obiettivi. Questo ti aiuterà a rimanere focalizzato e a fare aggiustamenti necessari lungo il percorso.

Seguendo questi passi, potrai navigare nel mondo accademico e professionale con maggiore consapevolezza e sicurezza, assicurandoti che le tue scelte di carriera siano in armonia con il tuo Ikigai, portandoti verso una vita professionale ricca e appagante.

Sintesi delle Scoperte

Collegare i Quattro Elementi dell'Ikigai

La sintesi delle scoperte personali e professionali fatte attraverso il processo di identificazione del proprio Ikigai è un passo cruciale per creare una vita equilibrata e appagante. I quattro elementi dell'Ikigai - ciò che ami, ciò in cui sei bravo, ciò di cui il mondo ha bisogno e ciò per cui puoi essere pagato - devono essere interconnessi per formare un quadro coerente.

Inizia creando una mappa mentale che includa questi quattro aspetti. Identifica attività specifiche, competenze e valori per ciascun elemento e poi cerca punti di intersezione. Ad esempio, potresti amare l'insegnamento (ciò che ami), essere bravo a spiegare concetti complessi (ciò in cui sei bravo), vedere una necessità di migliorare l'educazione nelle scienze (ciò di cui il mondo ha bisogno) e trovare opportunità di lavoro come insegnante o formatore (ciò per cui puoi essere pagato). Questi punti di intersezione rappresentano le aree dove il tuo Ikigai prende forma.

Come Utilizzare le Scoperte per Pianificare il Proprio Futuro

Una volta che hai identificato queste intersezioni, puoi utilizzarle per pianificare il tuo futuro in modo strategico. Inizia stabilendo obiettivi a breve, medio e lungo termine che riflettano il tuo Ikigai.

Per gli obiettivi a breve termine, concentrati su azioni immediate che puoi intraprendere, come iscriversi a corsi specifici, cercare stage o volontariato in settori pertinenti, o partecipare a gruppi di discussione e conferenze. Queste attività ti aiuteranno a sviluppare ulteriormente le tue competenze e a testare il campo di tuo interesse.

Per gli obiettivi a medio termine, pianifica esperienze più sostanziali che ti permettano di approfondire la tua conoscenza e le tue abilità. Potrebbe trattarsi di un progetto di ricerca, di un ruolo di leadership in un'organizzazione studentesca o di un tirocinio estivo in un'azienda o ente che opera nel settore di tuo interesse.

Per gli obiettivi a lungo termine, pensa alla carriera che desideri costruire e ai passi necessari per raggiungerla. Questo potrebbe includere ottenere una laurea avanzata, costruire una rete professionale solida, o sviluppare competenze specifiche attraverso esperienze lavorative e di apprendimento continuo.

Esempi di Piani di Azione Personali Basati sull'Ikigai

Ecco alcuni esempi di piani di azione personali basati sull'Ikigai:

1. **Studente di Biologia con Passione per l'Ambiente:**

   o **Breve Termine:** Iscriversi a corsi di ecologia e sostenibilità, partecipare a gruppi di volontariato ambientale.

   o **Medio Termine:** Ottenere uno stage presso un'organizzazione che lavora sulla conservazione della biodiversità, partecipare a conferenze sul cambiamento climatico.

   o **Lungo Termine:** Lavorare come biologo ambientale per un'ONG internazionale, continuare a studiare e contribuire a progetti di ricerca sulla conservazione dell'ambiente.

2. **Studente di Informatica Appassionato di Educazione:**

    o **Breve Termine:** Prendere parte a hackathon educativi, fare volontariato come tutor per studenti delle scuole superiori.

    o **Medio Termine:** Fare un tirocinio in una startup edtech, sviluppare un'app educativa come progetto universitario.

    o **Lungo Termine:** Avviare una propria azienda di tecnologia educativa, creare soluzioni software innovative per migliorare l'accesso all'educazione.

3. **Studente di Economia con Interesse per l'Imprenditoria Sociale:**

    o **Breve Termine:** Partecipare a workshop di imprenditoria sociale, unirsi a un club di business e innovazione.

    o **Medio Termine:** Lavorare su un progetto di impatto sociale come parte del curriculum accademico, fare un tirocinio in una startup sociale.

- o **Lungo Termine:** Fondare una propria impresa sociale, collaborare con investitori e organizzazioni per scalare soluzioni sostenibili e socialmente responsabili.

Utilizzando il metodo Ikigai per pianificare il proprio futuro, si può creare una traiettoria di vita che non solo risponde alle esigenze del mercato del lavoro, ma che è anche profondamente gratificante e in linea con le proprie passioni e valori. Questo approccio integrato assicura che ogni passo intrapreso sia significativo e contribuisca a costruire una carriera e una vita piene di scopo e soddisfazione.

Capitolo 4: Stabilire Obiettivi Significativi

Gli obiettivi prefissati devono essere a breve e lungo termine: differiscono principalmente per la durata necessaria al loro raggiungimento e la loro portata. Gli **obiettivi a breve termine** sono traguardi che puoi raggiungere in un periodo relativamente breve, solitamente da pochi giorni a un anno. Questi obiettivi sono più immediati e specifici, come completare un progetto di studio, ottenere un tirocinio estivo o migliorare le tue capacità in una determinata area attraverso un corso intensivo.

Gli **obiettivi a lungo termine**, invece, richiedono un periodo più esteso, che può variare da alcuni anni a decenni. Questi obiettivi riguardano il raggiungimento di traguardi maggiori che richiedono pianificazione e sforzo costanti nel tempo, come laurearsi, costruire una carriera professionale di successo o diventare un esperto riconosciuto in un determinato campo.

Come Impostare Obiettivi SMART

Impostare obiettivi SMART è una tecnica efficace per assicurarsi che i propri obiettivi siano ben definiti e raggiungibili.

L'acronimo SMART sta per Specifici, Misurabili, Achievibili, Rilevanti e Temporizzati.

1. **Specifici (Specific)**:

   o Gli obiettivi devono essere chiari e dettagliati. Evita di definire obiettivi vaghi. Ad esempio, invece di dire "voglio migliorare nei miei studi", specifica "voglio ottenere una media del 28 in tutti gli esami del semestre".

2. **Misurabili (Measurable)**:

   o Assicurati che il tuo obiettivo possa essere misurato. Questo significa avere criteri concreti per valutare i progressi. Ad esempio, "voglio completare 2 capitoli del libro ogni settimana" è un obiettivo misurabile.

3. **Achievibili (Achievable)**:

   o Gli obiettivi devono essere realistici e raggiungibili, tenendo conto delle risorse disponibili e dei vincoli esistenti. Considera le tue capacità e il tempo a disposizione per stabilire obiettivi che puoi realmente raggiungere. Ad esempio, se lavori part-time, stabilisci un obiettivo che tenga conto del tempo che puoi dedicare allo studio.

4. **Rilevanti (Relevant)**:

   o Gli obiettivi devono essere pertinenti e in linea con i tuoi valori e desideri a lungo termine. Chiediti se l'obiettivo è importante per te e come contribuirà al raggiungimento del tuo Ikigai. Ad esempio, se il tuo obiettivo a lungo termine è diventare un insegnante di filosofia, stabilisci obiettivi a breve termine che migliorino le tue competenze didattiche.

5. **Temporizzati (Time-bound)**:

   o Ogni obiettivo deve avere una scadenza precisa. Stabilire un limite di tempo ti aiuta a mantenere la motivazione e a focalizzare i tuoi sforzi. Ad esempio, "voglio completare il mio tirocinio entro la fine dell'anno accademico" è un obiettivo con una chiara scadenza temporale.

Seguendo la metodologia SMART, puoi definire obiettivi ben strutturati che ti aiutano a progredire costantemente verso il tuo

Ikigai e a mantenere alta la motivazione e il focus durante il percorso universitario.

Motivazione e Direzione

Importanza di Avere una Chiara Direzione

Avere una chiara direzione è fondamentale per raggiungere i propri obiettivi e realizzare il proprio Ikigai. Una direzione chiara fornisce una mappa mentale che guida le tue azioni quotidiane e ti aiuta a mantenere il focus sulle tue priorità. Senza una direzione precisa, è facile perdersi nelle distrazioni e sentirsi sopraffatti dalle sfide quotidiane. Sapere dove vuoi andare ti permette di prendere decisioni consapevoli e di evitare attività che non contribuiscono al raggiungimento dei tuoi obiettivi.

Come Mantenere Alta la Motivazione

Mantenere alta la motivazione è essenziale per progredire costantemente verso i propri obiettivi. Ecco alcuni suggerimenti pratici:

1. **Suddividi gli Obiettivi in Compiti Più Piccoli**:

   o Gli obiettivi di grande portata possono sembrare scoraggianti. Suddividerli in compiti più gestibili rende il processo meno intimidatorio e ti permette di celebrare piccoli successi lungo il percorso. Ogni piccolo traguardo raggiunto alimenta la tua motivazione.

2. **Tieni un Diario degli Obiettivi**:

   o Scrivere i tuoi progressi quotidiani e riflettere sui risultati raggiunti può aiutarti a mantenere alta la motivazione. Un diario ti consente di monitorare i tuoi progressi, di riconoscere i tuoi successi e di identificare le aree che necessitano di miglioramento.

3. **Cerca Supporto**:

   o Condividere i tuoi obiettivi con amici, familiari o colleghi può offrirti sostegno e responsabilità. Il supporto sociale è un potente motivatore. Inoltre, partecipare a gruppi di studio o a comunità con interessi simili può fornirti ulteriori stimoli e incoraggiamenti.

4. **Rimani Flessibile:**

   o   La vita è imprevedibile e le circostanze possono cambiare. Essere flessibili e pronti ad adattarsi alle nuove situazioni è fondamentale per mantenere alta la motivazione. Rivedi e adatta i tuoi obiettivi quando necessario, mantenendo sempre la tua direzione chiara.

Tecniche di Visualizzazione e Pianificazione

La visualizzazione e la pianificazione sono strumenti potenti per mantenere la motivazione e garantire che tu rimanga sulla buona strada verso i tuoi obiettivi.

1. **Visualizzazione:**

   o   La visualizzazione consiste nell'immaginare vividamente i tuoi obiettivi come se fossero già stati raggiunti. Questo processo mentale ti aiuta a creare un'immagine chiara del successo e a mantenere alta la motivazione. Dedica alcuni minuti ogni giorno a chiudere gli occhi e a immaginare te stesso mentre raggiungi i tuoi obiettivi. Concentrati su come ti sentirai e su come sarà la tua vita una volta che avrai raggiunto il successo.

2. **Pianificazione**:

   o Una pianificazione efficace richiede la creazione di un piano dettagliato che suddivida i tuoi obiettivi in compiti gestibili. Usa strumenti come agende, calendari digitali e liste di controllo per organizzare le tue attività quotidiane, settimanali e mensili. Pianificare in anticipo ti aiuta a rimanere organizzato e a gestire meglio il tuo tempo.

3. **Tecnica del Time Blocking**:

   o Il time blocking è una tecnica di gestione del tempo che prevede la suddivisione della giornata in blocchi di tempo dedicati a specifiche attività. Assegna blocchi di tempo per lo studio, il lavoro, le attività personali e il riposo. Questa tecnica ti aiuta a rimanere concentrato su una singola attività alla volta, riducendo le distrazioni e aumentando la produttività.

4. **Revisione Periodica**:

o Prenditi del tempo ogni settimana o mese per rivedere i tuoi progressi. Valuta cosa ha funzionato bene e cosa potrebbe essere migliorato. La revisione periodica ti consente di fare aggiustamenti necessari al tuo piano e di rimanere motivato nel lungo termine.

Avere una chiara direzione, mantenere alta la motivazione e utilizzare tecniche di visualizzazione e pianificazione sono strategie cruciali per stabilire e raggiungere obiettivi significativi. Questi strumenti ti aiutano a rimanere focalizzato, produttivo e determinato nel tuo percorso verso il successo e la realizzazione personale.

Monitoraggio dei Progressi

Monitorare i progressi è essenziale per raggiungere i propri obiettivi, in quanto permette di valutare ciò che funziona, identificare le aree di miglioramento e mantenere alta la motivazione. Ci sono diversi metodi efficaci per tenere traccia dei progressi.

Uno di questi è il *diario degli obiettivi*, in cui si annotano quotidianamente i progressi fatti, le sfide incontrate e i successi raggiunti. Questo strumento aiuta a riflettere sul percorso intrapreso e a mantenere una visione chiara del progresso complessivo. Le *liste di controllo* sono un altro metodo utile: creare liste per i compiti e le attività da completare e spuntarle man mano che vengono svolte fornisce una sensazione di realizzazione e aiuta a mantenere il focus sulle prossime azioni. I grafici di progresso, come i diagrammi di Gantt, permettono di visualizzare i progressi nel tempo in modo chiaro e organizzato.

Le app di produttività come *Trello, Asana e Todoist* offrono strumenti per la gestione dei progetti e il monitoraggio dei progressi in modo strutturato e accessibile. Queste app permettono di organizzare le attività, impostare scadenze e monitorare il completamento dei compiti.

Monitorare i progressi significa anche essere pronti ad adattare gli obiettivi in base ai risultati ottenuti. È importante pianificare momenti di riflessione periodica, settimanale o mensile, per valutare ciò che è stato raggiunto e identificare eventuali ostacoli. Durante queste riflessioni, è utile chiedersi cosa ha funzionato e cosa no, e perché. La flessibilità è fondamentale: essere pronti ad adattare gli obiettivi in base alle circostanze aiuta a mantenere alta la motivazione e a progredire costantemente. Il feedback continuo da mentori, colleghi o amici fidati offre nuove prospettive e suggerimenti utili per migliorare il piano d'azione.

Gli strumenti di monitoraggio e valutazione sono cruciali per tenere traccia dei progressi e adattare gli obiettivi quando necessario. *Le agende e i planner*, sia cartacei che digitali, sono strumenti classici ma efficaci per pianificare e monitorare le attività quotidiane e settimanali. Un buon planner aiuta a rimanere organizzati e a visualizzare facilmente le scadenze e i traguardi. I software di gestione dei progetti come *Trello, Asana e Monday.com* offrono funzionalità avanzate per la gestione dei progetti, permettendo di creare task, assegnare scadenze, collaborare con altre persone e monitorare i progressi in modo visivo e strutturato. Le app di tracciamento delle abitudini come *Habitica, Strides e HabitBull* aiutano a monitorare le abitudini quotidiane e a mantenere la disciplina, offrendo grafici e statistiche che mostrano i progressi nel tempo. Anche l'uso di un *foglio di calcolo*, come Excel o Google Sheets, per creare un registro dei progressi può essere molto utile, permettendo di personalizzare il foglio in base alle esigenze, inserendo dati giornalieri, settimanali o mensili, e generare grafici che rappresentano i progressi.

È chiaro quindi che monitorare i progressi, adattare gli obiettivi in base ai risultati ottenuti e utilizzare strumenti di valutazione sono elementi cruciali per il successo nel raggiungimento degli obiettivi. Questi processi permettono di rimanere focalizzati, motivati e flessibili, garantendo che ogni passo sia un progresso significativo verso il proprio Ikigai.

Adattamento e Flessibilità

Essere Pronti a Cambiare Rotta Quando Necessario

Nel perseguimento dei propri obiettivi, è fondamentale essere pronti a cambiare rotta quando necessario. Le circostanze cambiano, e con esse devono cambiare anche i nostri piani. Questo non significa rinunciare ai propri sogni, ma piuttosto essere disposti a modificare il percorso per raggiungerli. L'adattamento e la flessibilità sono qualità cruciali per affrontare imprevisti e ostacoli con resilienza. Rimanere rigidi di fronte alle difficoltà può portare a frustrazione e fallimento, mentre la capacità di adattarsi permette di trovare nuove strade verso il successo.

L'importanza della Flessibilità nel Raggiungimento degli Obiettivi

La flessibilità è essenziale per il raggiungimento degli obiettivi, in quanto consente di adattarsi a nuove informazioni, cambiamenti di circostanze e opportunità inaspettate. La flessibilità permette di mantenere la motivazione alta e di progredire costantemente, anche quando le condizioni non sono ideali. Essere flessibili non significa abbandonare gli obiettivi, ma piuttosto ricalibrarli in base alle nuove realtà. Questa capacità di adattamento è particolarmente utile in un contesto universitario, dove le priorità e le opportunità possono cambiare rapidamente.

Esempi di Persone che Hanno Adattato i Loro Obiettivi per Raggiungere il Successo

Ecco alcuni esempi di persone che hanno dimostrato flessibilità e adattamento nel perseguire i loro obiettivi, riuscendo così a raggiungere il successo:

Steve Jobs - Quando Apple ha licenziato Steve Jobs nel 1985, avrebbe potuto considerarlo un fallimento definitivo. Invece, ha utilizzato questo momento per riflettere e adattare i suoi obiettivi. Fondò NeXT, una nuova azienda di informatica, e acquistò una piccola società di animazione, che in seguito divenne Pixar. Anni dopo, Apple acquistò NeXT, riportando Jobs in azienda e ponendo le basi per il successo futuro di Apple con prodotti come l'iPod, l'iPhone e l'iPad. Jobs disse: "Essere licenziato da Apple è stata la cosa migliore che mi potesse capitare. Il peso di essere di nuovo un principiante, meno sicuro di tutto, mi ha liberato per entrare in uno dei periodi più creativi della mia vita."

J.K. Rowling - Prima di diventare una delle autrici più vendute al mondo, J.K. Rowling ha affrontato numerosi rifiuti dagli editori. Inizialmente, il suo obiettivo era semplicemente quello di pubblicare un libro, ma ha dovuto adattare le sue aspettative e persistente nel suo sogno nonostante i rifiuti. Rowling disse: "Non abbiamo bisogno della magia per cambiare il mondo; portiamo già tutto il potere che ci serve dentro di noi: abbiamo il potere di immaginare meglio." Alla fine, il suo adattamento e la sua perseveranza hanno portato alla pubblicazione di Harry Potter, una serie che ha avuto un impatto culturale enorme.

Oprah Winfrey - Oprah Winfrey ha affrontato molte difficoltà. Dopo essere stata licenziata da un lavoro di co-anchor in un telegiornale, ha capito che il suo vero talento era nel coinvolgimento personale con il pubblico. Ha adattato i suoi obiettivi professionali, spostandosi verso talk show, un formato che le permetteva di sfruttare al meglio le sue abilità comunicative e empatiche. Winfrey ha detto: "Trasforma le tue ferite in saggezza. Fallire è un'altra tappa sulla strada per il successo." Il suo show, The Oprah Winfrey Show, è diventato il talk show più visto nella storia della televisione.

Elon Musk - Elon Musk ha fondato Zip2 e PayPal, ma ha affrontato enormi sfide quando ha deciso di entrare nei settori dell'aerospazio e dell'energia rinnovabile con SpaceX e Tesla. Molte delle sue prime missioni spaziali fallirono, e Tesla si trovò sull'orlo del fallimento. Musk ha costantemente adattato i suoi obiettivi e strategie in risposta a queste difficoltà, mantenendo la visione a lungo termine. Musk ha dichiarato: "Il fallimento è un'opzione qui. Se le cose non falliscono, non stai innovando abbastanza." Grazie alla sua flessibilità e determinazione, entrambe le aziende sono oggi leader nei loro settori.

Questi esempi dimostrano come l'adattamento e la flessibilità siano cruciali per superare le sfide e raggiungere il successo. Rimanere aperti ai cambiamenti, imparare dagli errori e ricalibrare i propri obiettivi in base alle nuove circostanze permette di progredire nonostante le difficoltà. Nell'ambito universitario, questo approccio può essere particolarmente utile per gestire i cambiamenti di percorso accademico, le nuove opportunità di apprendimento e le sfide impreviste. Adattarsi e rimanere flessibili consente di trasformare gli ostacoli in opportunità di crescita e successo.

Capitolo 5: Gestione del Tempo e delle Priorità

La gestione del tempo è un'abilità fondamentale per chiunque desideri raggiungere i propri obiettivi accademici e personali. Comprendere e applicare i principi di gestione del tempo può fare la differenza tra sentirsi sopraffatti e raggiungere con successo i propri traguardi. Una gestione efficace del tempo inizia con l'introduzione di concetti chiave come la pianificazione, la periodizzazione e la consapevolezza del tempo. Questi concetti aiutano a strutturare le giornate in modo che ogni attività riceva l'attenzione necessaria, evitando il sovraccarico e lo stress.

L'importanza di un'agenda ben strutturata non può essere sottovalutata. Un'agenda consente di visualizzare impegni, scadenze e obiettivi in modo chiaro e organizzato. Questo strumento diventa una guida quotidiana che aiuta a mantenere il focus sulle attività più importanti, facilitando la gestione delle priorità. Utilizzare un'agenda permette di allocare il tempo in modo efficiente, garantendo che si possa dedicare attenzione adeguata a studio, lavoro e tempo libero.

Per massimizzare l'efficienza, esistono diverse tecniche di gestione del tempo. Una delle più efficaci è la tecnica del "time blocking", che prevede la suddivisione della giornata in blocchi di tempo dedicati a specifiche attività. Un'altra tecnica utile è il *metodo Pomodoro*, che consiste nel lavorare per periodi di tempo concentrati (generalmente 25 minuti), seguiti da brevi pause. Queste tecniche aiutano a mantenere la concentrazione e a prevenire l'esaurimento. Sperimentare diverse tecniche e adattarle alle proprie esigenze può migliorare significativamente la gestione del tempo e l'efficienza personale.

Stabilire le Priorità

Stabilire le priorità è essenziale per gestire efficacemente il proprio tempo e raggiungere i propri obiettivi. Identificare le attività più importanti ti permette di focalizzare le tue energie su ciò che conta davvero, evitando di disperderle in compiti meno rilevanti. Per fare questo, è utile partire dalla comprensione dei propri obiettivi a breve, medio e lungo termine. Una volta definiti gli obiettivi, il passo successivo è scomporli in attività specifiche e valutare quali di queste sono cruciali per il loro raggiungimento.

Come Identificare le Attività più Importanti

Per identificare le attività più importanti, puoi iniziare facendo una lista di tutte le cose che devi fare. Successivamente, valuta ciascuna attività in base alla sua urgenza e importanza. Le attività importanti sono quelle che contribuiscono direttamente al raggiungimento dei tuoi obiettivi personali o professionali. Le attività urgenti, invece, richiedono attenzione immediata e sono spesso legate a scadenze imminenti. La capacità di distinguere tra ciò che è importante e ciò che è urgente è fondamentale per una gestione efficace del tempo.

La Matrice di Eisenhower per la Gestione delle Priorità

Un metodo efficace per distinguere tra urgenza e importanza è la matrice di Eisenhower, anche conosciuta come la matrice urgente-importante. Questo strumento di gestione del tempo è stato reso popolare dal presidente degli Stati Uniti Dwight D. Eisenhower, che lo utilizzava per prendere decisioni importanti. La matrice è divisa in quattro quadranti:

1. **Quadrante 1: Urgente e Importante**

   o Questo quadrante include attività che richiedono attenzione immediata e hanno un impatto significativo sui tuoi obiettivi. Queste sono le crisi, le scadenze strette e i problemi che devono essere risolti subito. Per esempio, studiare per un esame imminente o completare un progetto con scadenza a breve termine.

2. **Quadrante 2: Non Urgente ma Importante**

   o Qui si trovano le attività che sono cruciali per il successo a lungo termine ma non richiedono attenzione immediata. Queste attività includono la pianificazione, lo sviluppo personale, la formazione e il lavoro strategico. Ad esempio, programmare lo studio per l'intero semestre, partecipare a corsi di sviluppo professionale o lavorare su progetti a lungo termine. Queste attività dovrebbero ricevere una priorità alta, poiché investire tempo in esse può prevenire crisi future e migliorare la qualità della vita e del lavoro.

3. **Quadrante 3: Urgente ma Non Importante**

   o Questo quadrante contiene attività che richiedono attenzione immediata ma non contribuiscono significativamente ai tuoi obiettivi principali. Spesso sono distrazioni che possono essere delegate o limitate. Per esempio, rispondere a email non critiche, partecipare a riunioni non essenziali o gestire interruzioni che possono essere evitate.

4. **Quadrante 4: Non Urgente e Non Importante**

   o In questo quadrante si trovano le attività che non hanno alcun impatto significativo sui tuoi obiettivi e non richiedono attenzione immediata. Queste attività includono la navigazione senza scopo su internet, guardare la TV senza criterio o altre forme di procrastinazione. Queste attività dovrebbero essere minimizzate o eliminate, poiché non contribuiscono in modo significativo alla produttività o al raggiungimento degli obiettivi.

Bilanciare Studio, Lavoro e Tempo Libero

Bilanciare le diverse aree della vita – studio, lavoro e tempo libero – è cruciale per mantenere l'equilibrio e il benessere personale. Una gestione efficace delle priorità, utilizzando strumenti proprio come la matrice di Eisenhower, aiuta a distribuire il tempo in modo equilibrato.

Pianificazione dello Studio:

- Dedica tempo specifico allo studio, assicurandoti di includere pause regolari per evitare il burnout. Utilizza il quadrante 2 per attività di studio a lungo termine e il quadrante 1 per preparazioni imminenti.

Gestione del Lavoro:

- Se lavori part-time o a tempo pieno mentre studi, assegna priorità alle attività lavorative in base alla loro urgenza e importanza. Cerca di delegare compiti meno importanti e urgenti per concentrarti su quelli che hanno un impatto maggiore sui tuoi obiettivi professionali.

Tempo Libero e Riposo:

- Non trascurare l'importanza del riposo e delle attività ricreative. Pianifica il tempo libero nel quadrante 2, riconoscendo che il recupero è cruciale per mantenere l'efficienza e la produttività a lungo termine. Attività ricreative e tempo con amici e familiari possono rientrare nelle priorità di importanza ma non urgenza, garantendo un equilibrio sano.

Stabilire le priorità è un processo dinamico che richiede costante valutazione e adattamento: utilizzando la matrice di Eisenhower, è possibile gestire le attività in modo più efficace, concentrando le energie su ciò che è realmente importante. Questo non solo migliora la produttività, ma contribuisce anche a un maggiore equilibrio tra le diverse aree della vita, promuovendo il benessere complessivo e il raggiungimento degli obiettivi personali e professionali.

Bilanciare Vita Accademica e Personale

L'importanza di Trovare un Equilibrio

Trovare un equilibrio tra vita accademica e personale è essenziale per il benessere complessivo e il successo a lungo termine. Quando si è immersi negli studi universitari, è facile trascurare aspetti importanti della vita personale, come le relazioni, il tempo libero e la cura di sé. Tuttavia, un eccessivo sbilanciamento può portare a stress, esaurimento e insoddisfazione. Un equilibrio sano permette di mantenere alte le performance accademiche, godere delle relazioni personali e prendersi cura del proprio benessere fisico e mentale.

Come Gestire lo Stress Legato alla Mancanza di Tempo

La mancanza di tempo è una delle principali fonti di stress per gli studenti universitari. Per gestire efficacemente questo stress, è importante adottare strategie che aiutino a organizzare il tempo e le priorità.

Pianificazione e Organizzazione: Utilizzare strumenti come agende e calendari digitali per pianificare le attività quotidiane e settimanali può fare una grande differenza. Pianificare in anticipo aiuta a evitare la sovrapposizione di impegni e garantisce che ci sia tempo sufficiente per ogni attività. Inoltre, suddividere grandi compiti in piccoli passaggi gestibili può rendere più facile affrontarli senza sentirsi sopraffatti.

Tecniche di Gestione dello Stress: Adottare tecniche di rilassamento come la meditazione, la respirazione profonda e lo yoga può essere molto utile per ridurre lo stress. Dedica alcuni minuti ogni giorno a queste pratiche per rilassare la mente e il corpo. Anche l'esercizio fisico regolare è un eccellente metodo per ridurre lo stress, migliorare l'umore e aumentare l'energia.

Imparare a Dire No: Spesso, lo stress è causato dall'accettare troppi impegni. Imparare a dire no a ulteriori responsabilità quando il carico di lavoro è già elevato è fondamentale per mantenere un equilibrio sano. Valuta attentamente ogni nuova richiesta e considerala in base alle tue priorità e al tempo disponibile.

Strategie per Mantenere il Benessere Mentale e Fisico

Mantenere il benessere mentale e fisico è cruciale per affrontare le sfide accademiche e personali con energia e resilienza. Ecco alcune strategie utili:

Praticare l'Auto-cura: L'auto-cura è essenziale per mantenere un equilibrio sano. Dedica tempo ogni giorno a fare qualcosa che ti piace e che ti rilassa, come leggere un libro, fare una passeggiata o ascoltare musica. Assicurati di dormire a sufficienza ogni notte; il sonno è fondamentale per il recupero fisico e mentale.

Alimentazione Equilibrata: Una dieta equilibrata e nutriente ha un grande impatto sul benessere generale. Evita il cibo spazzatura e cerca di includere nella tua dieta molta frutta, verdura, proteine magre e cereali integrali. Bere molta acqua e limitare il consumo di caffeina e zuccheri raffinati può aiutare a mantenere i livelli di energia stabili.

Attività Fisica Regolare: L'attività fisica non solo migliora la salute fisica ma ha anche effetti positivi sulla salute mentale. Cerca di fare almeno 30 minuti di esercizio fisico la maggior parte dei giorni della settimana. Può essere qualsiasi attività che ti piace, come camminare, correre, andare in bicicletta o praticare uno sport.

Gestione del Tempo Libero: Assicurati di pianificare del tempo libero per rilassarti e ricaricarti. Partecipare a hobby e attività ricreative può aiutarti a staccare la mente dallo studio e dalle preoccupazioni quotidiane. Passare del tempo con amici e familiari è altrettanto importante per mantenere un supporto emotivo e sociale.

Cercare Supporto: Non esitare a chiedere aiuto se ti senti sopraffatto. Parla con amici, familiari o consulenti universitari. Molte università offrono servizi di supporto psicologico e consulenza che possono essere di grande aiuto per gestire lo stress e mantenere il benessere mentale.

Impostare Obiettivi Realistici: Stabilire obiettivi realistici e raggiungibili è essenziale per evitare di sentirsi sopraffatti. Suddividere i grandi obiettivi in piccoli passi ti permetterà di vedere progressi concreti e mantenere la motivazione alta.

Ricorda che non tutto deve essere perfetto e che è importante celebrare anche i piccoli successi lungo il percorso.

Revisione e Ottimizzazione del Tempo

È necessario monitorare e valutare l'efficacia delle proprie tecniche di gestione del tempo per assicurarsi di essere sulla strada giusta verso il raggiungimento dei propri obiettivi. Questo processo richiede una riflessione regolare sulle attività quotidiane, settimanali e mensili per determinare cosa sta funzionando e cosa no.

Una volta raccolti i dati, valuta le tecniche di gestione del tempo utilizzate. Stai rispettando i blocchi di tempo programmati? Le pause sono sufficienti per mantenere alta la produttività? Gli strumenti digitali utilizzati sono efficaci? Sulla base di queste valutazioni, apporta modifiche e aggiustamenti per ottimizzare l'uso del tempo.

Esempi di Persone che Hanno Ottimizzato il Loro Tempo con Successo

Molti individui di successo hanno sviluppato strategie efficaci per ottimizzare il loro tempo. Ecco alcuni esempi:

Benjamin Franklin - Uno dei Padri Fondatori degli Stati Uniti, Benjamin Franklin, era noto per la sua rigorosa pianificazione del tempo. Ogni giorno, Franklin dedicava tempo alla riflessione mattutina, al lavoro produttivo, all'auto-miglioramento e alla riflessione serale. Il suo famoso "programma quotidiano" è un esempio di come una struttura ben definita possa portare a un'immensa produttività e successo.

Cal Newport - Autore del libro "Deep Work", Cal Newport ha sviluppato tecniche per ottimizzare il tempo dedicato al lavoro profondo e produttivo, riducendo al minimo le distrazioni. Newport pianifica blocchi di tempo per il lavoro intenso e utilizza tecniche di time blocking per garantire che ogni minuto della sua giornata sia ottimizzato per la massima produttività. Ha detto: "Il lavoro profondo è come un superpotere nell'economia odierna. La capacità di concentrarsi intensamente è cruciale per produrre risultati significativi".

Marie Curie - La scienziata e vincitrice del Premio Nobel, Marie Curie, gestiva con successo il suo tempo tra le ricerche di laboratorio e la vita familiare. Curie era nota per la sua disciplina e la capacità di concentrarsi intensamente sul lavoro scientifico durante le ore di laboratorio, dedicando poi tempo di qualità alla famiglia. La sua rigorosa gestione del tempo le permise di realizzare scoperte rivoluzionarie nel campo della radioattività.

Questi esempi mostrano che la chiave del successo nella gestione del tempo risiede nella pianificazione, nella disciplina e nell'adattamento delle strategie per migliorare costantemente. Monitorare e valutare regolarmente le proprie tecniche di gestione del tempo permette di apportare modifiche efficaci, garantendo un uso ottimale del tempo e il raggiungimento degli obiettivi

Capitolo 6: Superare lo Stress e l'Ansia

Superare lo stress e l'ansia è cruciale per il benessere e il successo accademico degli studenti universitari. Identificare le fonti di stress è il primo passo per gestirlo efficacemente. Tra le cause comuni di stress per gli studenti universitari ci sono la pressione per ottenere buoni voti, la gestione del carico di studio, le scadenze degli esami e dei progetti, nonché le preoccupazioni finanziarie e la vita sociale. Queste fonti di stress possono accumularsi, portando a sentimenti di sopraffazione e ansia.

Riconoscere i segnali di stress è essenziale per intervenire tempestivamente: essi possono manifestarsi in vari modi, tra cui sintomi fisici come *mal di testa, tensione muscolare, problemi di sonno e affaticamento*. Possono, però, presentarsi anche come sintomi emotivi e cognitivi, quali *irritabilità, difficoltà di concentrazione, preoccupazione eccessiva e senso di impotenza*. Essere consapevoli di questi segnali permette di prendere coscienza della propria condizione e di adottare misure per affrontare lo stress prima che diventi debilitante.

La consapevolezza è fondamentale per gestire lo stress. Praticare la mindfulness, ad esempio, aiuta a sviluppare una maggiore consapevolezza del proprio stato emotivo e fisico, permettendo di riconoscere i primi segni di stress. La mindfulness implica prestare attenzione al momento presente senza giudizio, il che può aiutare a ridurre l'ansia e a migliorare la capacità di gestire le sfide quotidiane. Anche tenere un diario in cui annotare le proprie emozioni e i pensieri può essere utile per identificare i fattori di stress ricorrenti e riflettere su come affrontarli.

Anche condividere le proprie preoccupazioni e ascoltare i consigli degli altri può alleviare il senso di isolamento e fornire strategie pratiche per gestire lo stress.

Identificare le fonti di stress, riconoscerne i segnali e sviluppare la consapevolezza sono passaggi fondamentali per mantenere il benessere durante gli anni universitari. Adottando queste pratiche, gli studenti possono affrontare le sfide accademiche con maggiore resilienza e serenità.

Tecniche di Gestione dello Stress

Pratiche di Mindfulness e Meditazione

La mindfulness e la meditazione sono tecniche potenti per la gestione dello stress, aiutando a coltivare la consapevolezza del momento presente e a ridurre l'ansia. Il metodo Ikigai può essere un complemento eccellente a queste pratiche, in quanto fornisce un senso di scopo e direzione che può ancorare la mente e alleviare l'ansia.

La mindfulness implica prestare attenzione intenzionalmente e senza giudizio a ciò che accade nel momento presente. Questo può essere praticato in qualsiasi momento della giornata, attraverso semplici esercizi come la meditazione seduta, la scansione del corpo e la respirazione consapevole. Integrare il metodo Ikigai nella mindfulness può amplificare i benefici: riflettere sul proprio Ikigai durante la meditazione può aiutare a focalizzare la mente e a trovare motivazione e serenità nel proprio percorso di vita.

Esercizi di Respirazione e Rilassamento

Gli esercizi di respirazione e rilassamento sono tecniche efficaci per calmare la mente e ridurre lo stress fisico. Questi esercizi aiutano a rallentare il ritmo cardiaco, ridurre la tensione muscolare e promuovere una sensazione di calma.

Un esercizio di respirazione comune è la respirazione diaframmatica, che consiste nel respirare profondamente attraverso il diaframma piuttosto che il petto. Questo tipo di respirazione può essere praticato ovunque e in qualsiasi momento. Per iniziare, siediti o sdraiati in una posizione comoda, appoggia una mano sul petto e l'altra sull'addome; inspira lentamente attraverso il naso, assicurandoti che l'addome si sollevi più del petto, e poi espira lentamente attraverso la bocca. Ripeti questo esercizio per alcuni minuti fino a sentire una sensazione di calma.

Il metodo Ikigai può integrare questi esercizi di respirazione, aiutando a focalizzare la mente su pensieri positivi e significativi. Ad esempio, mentre esegui la respirazione diaframmatica, puoi riflettere su un aspetto del tuo Ikigai che ti motiva, come una passione o un obiettivo che desideri raggiungere. Questo può aumentare la tua connessione emotiva e mentale con il tuo scopo di vita, rendendo l'esercizio di rilassamento ancora più efficace.

Attività Fisiche per Ridurre lo Stress

L'attività fisica è uno dei modi più efficaci per ridurre lo stress e migliorare il benessere generale. L'esercizio regolare non solo migliora la salute fisica ma ha anche effetti benefici sulla salute mentale, riducendo l'ansia e la depressione. Attività come il jogging, il nuoto, il ciclismo e lo yoga sono particolarmente utili per ridurre lo stress.

Lo yoga, in particolare, combina esercizi di respirazione e movimento con la pratica della mindfulness. Le posizioni yoga (asana) aiutano a rilasciare la tensione muscolare, mentre la respirazione consapevole e la meditazione inclusa nella pratica promuovono la calma mentale. Integrando il metodo Ikigai, puoi dedicare le tue sessioni di yoga a riflettere su come il movimento e la respirazione contribuiscano al tuo benessere complessivo e al raggiungimento dei tuoi obiettivi di vita.

Il metodo Ikigai può anche aiutarti a scegliere attività fisiche che ti appassionano e che sono in linea con i tuoi valori e interessi. Ad esempio, se ami la natura, fare escursioni o camminate all'aperto può non solo migliorare la tua forma fisica ma anche nutrire il tuo spirito e connetterti con ciò che ami fare.

In sintesi, le pratiche di mindfulness, gli esercizi di respirazione e rilassamento, e le attività fisiche sono tecniche efficaci per gestire lo stress. Integrando il metodo Ikigai in queste pratiche, puoi trovare una maggiore motivazione e serenità, rendendo queste tecniche ancora più potenti e benefiche per il tuo benessere complessivo.

Creare un Ambiente di Studio Sereno

L'importanza di un Ambiente di Studio Tranquillo

Un ambiente di studio tranquillo è cruciale per mantenere la concentrazione e ridurre lo stress. Uno spazio sereno facilita la focalizzazione sul lavoro, minimizzando le distrazioni e promuovendo un senso di calma e ordine. Quando lo spazio in cui si studia è disorganizzato o rumoroso, può essere difficile mantenere la concentrazione e, di conseguenza, aumentano i livelli di stress e ansia. Un ambiente tranquillo aiuta a creare una routine di studio efficace, permettendo di essere più produttivi e di migliorare il rendimento accademico.

Come Organizzare il Proprio Spazio di Lavoro

Organizzare lo spazio di lavoro in modo efficiente è un passo essenziale per creare un ambiente di studio sereno. Inizia scegliendo un luogo che sia lontano dalle distrazioni. Se possibile, opta per una stanza dedicata esclusivamente allo studio. Assicurati che il luogo sia ben illuminato, preferibilmente con luce naturale, che migliora l'umore e la produttività.

Mantieni il tuo spazio di lavoro ordinato e pulito. Un tavolo sgombro aiuta a ridurre la sensazione di sovraccarico mentale. Utilizza scaffali, cassetti e contenitori per tenere in ordine i materiali di studio e gli strumenti necessari. Avere tutto a portata di mano, ma in modo organizzato, riduce il tempo perso alla ricerca di materiali e contribuisce a mantenere la concentrazione.

Personalizza il tuo spazio con oggetti che ti ispirano e ti rilassano. Piante, foto motivazionali e decorazioni personali possono rendere l'ambiente più accogliente e meno stressante. Tuttavia, evita di sovraccaricare lo spazio con troppi oggetti che potrebbero distrarre.

Consigli per Mantenere la Concentrazione e la Calma

Mantenere la concentrazione e la calma durante lo studio richiede alcune strategie pratiche. Ecco alcuni consigli utili:

1. **Pause Regolari:**

   - Prenditi delle pause regolari per evitare il burnout. Durante le pause, alzati, muoviti e fai stretching per rilassare i muscoli e migliorare la circolazione.

Le pause aiutano anche a rinfrescare la mente e a mantenere la produttività nel lungo termine.

2. **Ambiente Sonoro**:

   o Mantieni un ambiente sonoro che favorisca la concentrazione. Alcune persone trovano utile studiare in silenzio assoluto, mentre altre preferiscono la musica classica o i suoni della natura. Esistono anche app e siti web che offrono suoni di sottofondo pensati per migliorare la concentrazione.

3. **Routine di Studio**:

   o Stabilisci una routine di studio regolare. Studiare alla stessa ora ogni giorno aiuta a creare un'abitudine e a sincronizzare il tuo ritmo circadiano, rendendo più facile concentrarsi durante le sessioni di studio.

4. **Tecnologia al Minimo**:

   o Limita l'uso della tecnologia che può distrarre. Spegni le notifiche sul telefono e utilizza app che bloccano l'accesso ai social media durante il tempo di studio. Se lavori al computer, usa estensioni del browser che aiutano a mantenere la concentrazione bloccando siti web non necessari.

Creare un ambiente di studio sereno e adottare strategie per mantenere la concentrazione e la calma sono elementi fondamentali per affrontare efficacemente lo stress accademico. Un ambiente ben organizzato e tranquillo, abbinato a tecniche di gestione del tempo e di rilassamento, può fare una grande differenza nel migliorare la qualità dello studio e il benessere generale.

Capitolo 7: Costruire Relazioni e Reti di Supporto

Le relazioni sociali positive sono una parte importante per il benessere emotivo, ma anche per il successo accademico. Esse offrono supporto emotivo, stimolano la crescita personale e forniscono un senso di appartenenza. Gli amici, i compagni di studio e i familiari possono offrire consigli, incoraggiamento e conforto nei momenti di difficoltà. Le relazioni positive aiutano a ridurre lo stress e l'ansia, migliorano l'umore e possono persino influenzare positivamente la salute fisica. Avere una rete di supporto forte è essenziale per affrontare le sfide universitarie e mantenere un equilibrio sano tra studio e vita personale.

Come le Relazioni Sociali Influenzano il Successo Accademico

Durante il percorso accademico i compagni di studio possono diventare partner di apprendimento, con cui discutere e approfondire le materie, condividere appunti e prepararsi agli esami. I gruppi di studio offrono l'opportunità di confrontarsi con diverse prospettive, facilitando una comprensione più profonda dei materiali di studio.

Compagni di studio, ma anche professori: le relazioni positive con i docenti possono aprire porte a opportunità di ricerca, tirocini e consigli professionali. Essere coinvolti in attività extracurricolari, come club universitari e organizzazioni studentesche, aiuta a sviluppare competenze di leadership e networking, fondamentali per il futuro professionale.

L'Ikigai come Guida per Interazioni Significative

Il concetto giapponese di Ikigai, che rappresenta la ragione di essere o lo scopo della vita, può essere una guida potente per costruire relazioni significative durante il percorso universitario. L'Ikigai si trova all'intersezione di ciò che ami fare, in cosa sei bravo, ciò di cui il mondo ha bisogno e per cosa puoi essere pagato. Applicare questo concetto alle relazioni sociali può aiutare a creare connessioni profonde e autentiche.

1. **Identificare e Coltivare Relazioni Significative:**

   o L'Ikigai può aiutare a identificare le persone con cui condividi interessi, valori e obiettivi comuni. Queste relazioni tendono a essere più profonde e significative, poiché si basano su una connessione autentica. Partecipare a gruppi e attività che rispecchiano le tue passioni e competenze ti mette in contatto con individui che possono arricchire il tuo percorso accademico e personale.

2. **Supporto Reciproco**:

   o Le relazioni costruite attorno all'Ikigai incoraggiano il supporto reciproco. Quando le persone condividono obiettivi comuni e si supportano a vicenda, creano un ambiente in cui è più facile affrontare le sfide. Ad esempio, se il tuo Ikigai include la passione per la sostenibilità ambientale, unirti a un gruppo di studenti impegnati in progetti ecologici ti offrirà supporto emotivo e pratico.

3. **Rete Professionale**:

   o Le relazioni sociali basate sull'Ikigai possono anche aiutare a costruire una rete professionale solida. Interagendo con persone che condividono i tuoi interessi e valori, è più probabile che tu incontri mentori e colleghi che possono guidarti nel tuo percorso professionale. Queste connessioni possono aprire porte a opportunità di lavoro, stage e collaborazioni future.

4. **Crescita Personale e Professionale**:

   o Le interazioni significative promuovono la crescita personale e professionale. Condividere esperienze e conoscenze con altre persone può arricchire la tua comprensione delle materie accademiche e delle competenze professionali. L'Ikigai ti aiuta a focalizzarti su ciò che è veramente importante per te, permettendoti di costruire relazioni che ti sostengano nel raggiungimento dei tuoi obiettivi.

5. **Bilanciamento della Vita**:

   o L'Ikigai sottolinea l'importanza dell'equilibrio tra diverse aree della vita. Le relazioni costruite su questi principi ti aiutano a mantenere un equilibrio tra il tempo dedicato agli studi e quello dedicato alle attività sociali e personali. Questo equilibrio è essenziale per evitare il burnout e mantenere un alto livello di motivazione e soddisfazione.

Le relazioni sociali sono fondamentali: costruire e coltivare relazioni positive durante il percorso universitario può offrire supporto emotivo, stimolare la crescita personale e migliorare le performance accademiche. Utilizzare il metodo Ikigai come guida per queste interazioni aiuta a creare connessioni profonde e significative che arricchiscono la tua vita e ti sostengono nel raggiungimento dei tuoi obiettivi. Investire tempo ed energie nella costruzione di una rete di supporto forte e autentica è una delle chiavi per affrontare con successo le sfide universitarie e prepararsi a un futuro professionale e personale soddisfacente.

Costruire Relazioni Significative

Costruire relazioni significative è essenziale per creare una rete di supporto solida durante il percorso universitario. Fare nuove amicizie richiede iniziativa e apertura. Partecipare ad attività extracurriculari, unirsi a club universitari e frequentare eventi sociali sono ottime opportunità per incontrare persone con interessi simili. Essere proattivi e approcciare gli altri con genuino interesse facilita la formazione di nuove amicizie. Inoltre, coinvolgersi in discussioni di gruppo e progetti collaborativi permette di conoscere meglio i propri compagni di corso e di creare connessioni più profonde.

L'*ascolto attivo* e l'*empatia* sono fondamentali per costruire relazioni significative. L'ascolto attivo implica prestare piena attenzione all'interlocutore, rispondendo in modo appropriato e mostrando interesse per ciò che dice. Questo non solo migliora la comunicazione, ma fa sentire l'altra persona valorizzata e compresa. L'empatia, ossia la capacità di mettersi nei panni degli altri, permette di creare un legame emotivo più forte. Essere empatici aiuta a capire meglio le esperienze e le emozioni altrui, rafforzando la fiducia e la connessione.

Mantenere relazioni durature richiede impegno e attenzione continua. È importante dedicare tempo e sforzi per rimanere in contatto con amici e conoscenti, anche quando gli impegni accademici diventano pressanti. Pianificare incontri regolari, anche solo per un caffè o una passeggiata, aiuta a mantenere vive le connessioni. Inoltre, essere presenti nei momenti importanti della vita degli altri, come compleanni o eventi significativi, dimostra il proprio impegno e affetto.

La *comunicazione aperta e sincera* è un altro elemento chiave per mantenere relazioni durature. Esprimere i propri sentimenti e pensieri in modo chiaro e rispettoso aiuta a evitare malintesi e a risolvere eventuali conflitti in modo costruttivo. Inoltre, essere disposti a chiedere scusa quando si commettono errori e a perdonare quando necessario è fondamentale per superare le difficoltà e rafforzare il legame.

In sintesi, costruire relazioni significative durante il percorso universitario richiede proattività, ascolto attivo ed empatia. Mantenere queste relazioni richiede impegno continuo, comunicazione aperta e la capacità di supportarsi reciprocamente nei momenti di bisogno. Questi sforzi contribuiscono a creare una rete di supporto che arricchisce l'esperienza universitaria e fornisce un solido fondamento per il futuro.

Sostenersi Reciprocamente

Sostenersi reciprocamente durante il percorso universitario è fondamentale per superare le sfide accademiche e personali. Creare gruppi di studio e supporto è un ottimo modo per coltivare un ambiente collaborativo e di sostegno. I gruppi di studio permettono di condividere conoscenze, confrontare idee e risolvere problemi insieme, rendendo il processo di apprendimento più efficace e meno stressante. Lavorare con altri studenti aiuta a rafforzare la comprensione delle materie, poiché ognuno può contribuire con diverse prospettive e competenze.

I benefici della *collaborazione tra pari* sono molteplici. In primo luogo, la collaborazione stimola il pensiero critico e la creatività. Discutere i concetti e le problematiche con i propri compagni permette di esplorare nuove idee e di approfondire la comprensione delle materie di studio. In secondo luogo, lavorare insieme rafforza le competenze di comunicazione e di team working, abilità fondamentali sia in ambito accademico che professionale. Inoltre, il supporto emotivo e morale fornito dai pari può essere di grande aiuto per affrontare lo stress e l'ansia legati agli studi.

Chiedere e offrire aiuto è una componente essenziale del sostegno reciproco. Non esitare a chiedere aiuto quando ne hai bisogno. Questo può significare chiedere chiarimenti su un argomento difficile, cercare consigli su come affrontare un esame o semplicemente parlare con qualcuno quando ti senti sopraffatto. Essere aperti e onesti riguardo alle proprie difficoltà crea un ambiente di fiducia e comprensione reciproca.

Allo stesso tempo, offrire aiuto agli altri è altrettanto importante. Se noti che un compagno di corso sta lottando con un argomento o sembra stressato, offrigli il tuo sostegno. Puoi organizzare sessioni di studio congiunte, condividere appunti o semplicemente ascoltarlo. Offrire aiuto non solo rafforza le relazioni, ma può anche migliorare la tua comprensione delle materie, poiché insegnare agli altri è un ottimo modo per consolidare le proprie conoscenze.

Tutti gli sforzi nella costruzione di relazioni basate sul vicendevole sostegno contribuiscono a creare un ambiente di supporto e collaborazione che favorisce l'apprendimento, riduce lo stress e costruisce legami duraturi.

Network Professionale in ambito universitario

L'importanza di costruire un network professionale universitario

Costruire un network professionale durante gli anni universitari è cruciale per il futuro successo accademico e lavorativo. Un network professionale solido può aprire porte a opportunità di lavoro, stage, collaborazioni di ricerca e consigli preziosi da esperti del settore. Attraverso il networking, gli studenti possono entrare in contatto con professionisti esperti, potenziali datori di lavoro e colleghi che possono offrire supporto e guida. Inoltre, un buon network facilita l'accesso a informazioni aggiornate su tendenze, innovazioni e opportunità nel campo di studio scelto, aumentando le possibilità di successo nella carriera futura.

Come partecipare a eventi di networking e conferenze

Partecipare a eventi di networking e conferenze è un ottimo modo per iniziare a costruire un network professionale. Questi eventi offrono l'opportunità di incontrare persone influenti nel proprio campo di studio, ascoltare esperti e apprendere nuove conoscenze. Per trarre il massimo beneficio da questi eventi, è importante prepararsi in anticipo.

Prima di partecipare a un evento, ricerca i partecipanti e gli oratori principali. Identifica chi potrebbe essere utile conoscere e prepara domande o argomenti di conversazione pertinenti. Durante l'evento, sii proattivo nel presentarti e nel partecipare alle discussioni. Porta con te biglietti da visita o prepara una versione digitale del tuo curriculum che puoi condividere facilmente.

Inoltre, partecipa a workshop, seminari e sessioni di networking organizzate durante le conferenze. Questi momenti sono ideali per interagire con gli altri partecipanti in un contesto più informale. Non dimenticare di essere autentico e di mostrare un interesse genuino per gli altri. Le relazioni costruite su una base di rispetto e interesse reciproco sono quelle che durano più a lungo.

Strategie per mantenere i contatti e costruire relazioni professionali

Mantenere i contatti e costruire relazioni professionali richiede un impegno continuo. Ecco alcune strategie efficaci per farlo:

1. **Follow-up**:

   o Dopo aver incontrato qualcuno a un evento di networking o a una conferenza, invia un messaggio di follow-up. Ringraziali per il tempo dedicato e menziona qualche punto di discussione che avete condiviso. Un follow-up tempestivo dimostra professionalità e interesse.

2. **Utilizza LinkedIn**:

   o LinkedIn è uno strumento potente per mantenere i contatti professionali. Aggiungi le persone che incontri ai tuoi collegamenti su LinkedIn e interagisci con i loro contenuti. Condividi aggiornamenti sul tuo percorso accademico e professionale per mantenere vivo l'interesse e la visibilità.

3. **Organizza incontri periodici**:

   o   Pianifica incontri periodici con i tuoi contatti, sia virtualmente che di persona. Questo potrebbe includere caffè, pranzi o semplici chiamate di catch-up. Questi incontri aiutano a rafforzare le relazioni e a rimanere aggiornati sulle reciproche attività e progressi.

4. **Partecipa a gruppi e associazioni professionali**:

   o   Iscriviti a gruppi e associazioni professionali pertinenti al tuo campo di studio. Queste organizzazioni spesso organizzano eventi, workshop e seminari che offrono ulteriori opportunità di networking. Partecipare attivamente a queste comunità dimostra il tuo impegno e interesse nel settore.

5. **Offri aiuto e collaborazione**:

   o   Non esitare a offrire il tuo aiuto o a collaborare su progetti. Essere disponibili e collaborativi costruisce fiducia e rispetto reciproco. Inoltre, lavorare insieme su progetti può portare a nuove opportunità e rafforzare le relazioni professionali.

6. **Aggiorna regolarmente il tuo network:**

- o Mantieni il tuo network aggiornato sulle tue realizzazioni, cambiamenti di carriera e obiettivi futuri. Questo può essere fatto attraverso aggiornamenti su LinkedIn, email periodiche o durante i vostri incontri. Essere trasparenti e comunicativi mantiene il tuo network informato e coinvolto nel tuo percorso professionale.

In conclusione, costruire e mantenere un network professionale durante gli anni universitari è essenziale per il successo futuro. Partecipare a eventi di networking e conferenze, fare un follow-up efficace e mantenere contatti regolari sono strategie chiave per sviluppare relazioni professionali durature. Questi sforzi non solo aprono nuove opportunità, ma forniscono anche supporto e guida preziosi lungo il percorso accademico e professionale.

Capitolo 8: Mantenere la Motivazione nel Tempo

Identificare le proprie fonti di motivazione è cruciale per mantenere alta la motivazione durante il percorso universitario. Riflettere su ciò che ti spinge a lavorare sodo, a superare le difficoltà e a raggiungere i tuoi obiettivi può fare una grande differenza nel tuo rendimento accademico. Inizia chiedendoti cosa ti appassiona nelle tue materie di studio e quali attività ti fanno sentire soddisfatto e realizzato. Ad esempio, potresti scoprire che sei motivato dal desiderio di approfondire la conoscenza in un campo specifico, dal piacere di risolvere problemi complessi o dalla prospettiva di contribuire a progetti significativi. Tenere un diario delle tue attività quotidiane e annotare i momenti in cui ti senti più energico e impegnato può aiutarti a identificare le tue fonti di motivazione.

La differenza tra motivazione intrinseca ed estrinseca

La motivazione può essere classificata in due categorie principali: intrinseca ed estrinseca. La motivazione intrinseca proviene da dentro di te ed è alimentata da interessi personali, passioni e valori. Per esempio, se ami la biologia, potresti sentirti motivato a studiare perché trovi affascinante comprendere come funzionano gli organismi viventi. La motivazione estrinseca, invece, è alimentata da fattori esterni, come ricompense o riconoscimenti. In ambito universitario, ciò può includere il desiderio di ottenere buoni voti, ricevere borse di studio o assicurarsi un buon lavoro dopo la laurea. Entrambi i tipi di motivazione sono importanti, ma la motivazione intrinseca tende a essere più sostenibile nel lungo termine.

Come coltivare una motivazione duratura

Coltivare una motivazione duratura richiede una combinazione di strategie che coinvolgono sia la motivazione intrinseca che estrinseca. In primo luogo, cerca di collegare i tuoi studi a qualcosa che ti appassiona realmente. Trova modi per rendere i tuoi studi più interessanti e rilevanti per te, ad esempio scegliendo argomenti di ricerca che ti affascinano o partecipando a progetti extracurriculari che riflettono i tuoi interessi.

Inoltre, stabilisci obiettivi chiari e realistici che ti permettano di vedere i progressi nel tempo. Questi obiettivi possono essere sia a breve che a lungo termine. Ad esempio, un obiettivo a breve termine potrebbe essere completare un capitolo di un libro di testo entro una settimana, mentre un obiettivo a lungo termine potrebbe essere ottenere un tirocinio in un'azienda di prestigio.

Infine, non dimenticare di premiarti per i successi ottenuti. Riconoscere i tuoi progressi e concederti delle ricompense, anche piccole, può aiutarti a mantenere alta la motivazione. Ad esempio, dopo aver superato un esame difficile, potresti concederti una serata libera per fare ciò che ami, come guardare un film o uscire con gli amici.

Creare Abitudini Positive

L'importanza delle Abitudini Quotidiane

Le abitudini quotidiane sono fondamentali per mantenere la motivazione e il successo a lungo termine durante il percorso universitario. Le abitudini definiscono gran parte delle nostre azioni quotidiane e, se positive, possono facilitare il raggiungimento degli obiettivi accademici e personali. Le abitudini quotidiane forniscono una struttura, riducono lo stress e migliorano la produttività, permettendo di gestire meglio il tempo e le energie.

Come Sviluppare e Mantenere Abitudini Positive

Sviluppare e mantenere abitudini positive richiede consapevolezza e impegno. Ecco alcuni passaggi per iniziare:

1. **Identifica le Abitudini Chiave**

   o Riflettendo sul tuo Ikigai, individua le abitudini che possono supportare il tuo percorso accademico e personale. Ad esempio, se il tuo Ikigai include il desiderio di diventare un esperto in un campo specifico, un'abitudine chiave potrebbe essere dedicare tempo ogni giorno allo studio approfondito o alla lettura di articoli scientifici.

2. **Inizia con Piccoli Passi**

   o Iniziare con piccoli cambiamenti rende più facile instaurare nuove abitudini. Ad esempio, se vuoi migliorare la tua organizzazione, inizia preparando una lista di cose da fare ogni mattina.

3. **Sii Coerente**

   o La coerenza è fondamentale per mantenere le abitudini. Cerca di praticare la nuova abitudine ogni giorno, alla stessa ora. La ripetizione costante trasforma le azioni in automatismi.

4. **Monitora i Progressi**

   o Tieni traccia dei tuoi progressi per mantenere la motivazione. Utilizza un diario o un'app per monitorare l'adesione alle nuove abitudini. Questo ti permetterà di vedere i progressi e identificare eventuali ostacoli.

Esercizi per Rafforzare la Disciplina Personale

Rafforzare la disciplina personale è essenziale per sviluppare e mantenere abitudini positive. Ecco alcuni esercizi pratici che possono aiutarti durante il percorso universitario, ispirati dal metodo Ikigai:

1. **Routine di Studio Quotidiana**

   o Dedica un'ora specifica ogni giorno allo studio di una materia che ti appassiona. Usa questo tempo per approfondire argomenti che ti interessano particolarmente, riflettendo su come contribuiscono al tuo Ikigai. Ad esempio, se ami la biologia e vuoi fare ricerca, dedica del tempo ogni giorno a leggere articoli scientifici e fare esperimenti.

2. **Tecnica del Pomodoro**

   o   Utilizza la tecnica del Pomodoro per migliorare la concentrazione e la produttività. Studia per 25 minuti, poi fai una pausa di 5 minuti. Dopo quattro cicli, fai una pausa più lunga di 15-30 minuti. Durante le pause, rifletti su come le attività che stai svolgendo contribuiscono al tuo Ikigai.

3. **Visualizzazione degli Obiettivi**

   o   Ogni mattina, dedica qualche minuto alla visualizzazione dei tuoi obiettivi a lungo termine. Immagina te stesso mentre raggiungi i tuoi traguardi accademici e professionali. Questo esercizio ti aiuta a mantenere la motivazione e a collegare le tue azioni quotidiane al tuo Ikigai.

4. **Journaling**

   o   Tieni un diario in cui annotare i tuoi progressi, le sfide incontrate e le riflessioni sul tuo Ikigai. Scrivere regolarmente ti aiuta a mantenere la disciplina, a riflettere sul tuo percorso e a rimanere concentrato sui tuoi obiettivi.

5. **Mindfulness e Meditazione**

- o Pratica la mindfulness o la meditazione ogni giorno per ridurre lo stress e migliorare la concentrazione. Durante queste sessioni, focalizzati sul tuo Ikigai, riflettendo su come le tue attività quotidiane contribuiscono al tuo scopo di vita.

Creare abitudini positive e rafforzare la disciplina personale sono elementi cruciali per mantenere la motivazione e il successo durante il percorso universitario. Utilizzando il metodo Ikigai, puoi sviluppare abitudini che non solo migliorano la tua produttività, ma che sono anche profondamente significative e in linea con i tuoi obiettivi e valori personali. Questo approccio integrato ti aiuterà a raggiungere il successo accademico e personale in modo sostenibile e appagante.

Rimanere Ispirati

Trovare Ispirazione in Fonti Diverse

Rimanere ispirati durante il percorso universitario è essenziale per mantenere alta la motivazione e superare le sfide. Una delle chiavi per trovare ispirazione è cercarla in una varietà di fonti. Libri, film e persone possono offrire nuove prospettive, idee e motivazioni.

Libri: la lettura di libri può aprire la mente a nuove idee e approcci. Biografie di persone di successo, romanzi stimolanti e libri di auto-aiuto sono tutte ottime fonti di ispirazione. Ad esempio, la biografia di Steve Jobs di Walter Isaacson può motivarti con la storia della perseveranza e dell'innovazione. Libri come "Grit" di Angela Duckworth esplorano il potere della passione e della perseveranza, mentre "Atomic Habits" di James Clear offre strategie pratiche per sviluppare abitudini positive.

Film: i film possono essere un'altra fonte potente di ispirazione. Documentari come "The Social Network", che racconta la storia di Facebook, o "Jiro Dreams of Sushi", che segue il viaggio di un maestro sushi giapponese, mostrano la dedizione e l'attenzione al dettaglio necessarie per raggiungere l'eccellenza. Anche film di fantasia come "The Pursuit of Happyness" possono offrire lezioni preziose sulla resilienza e la determinazione.

Persone: cercare ispirazione nelle persone che ti circondano è altrettanto importante. Professori, mentori, compagni di classe e professionisti del settore possono offrire preziosi consigli e storie di successo. Partecipare a conferenze, workshop e gruppi di studio ti permette di incontrare individui che condividono i tuoi interessi e passioni, fornendo nuove idee e motivazioni.

L'Importanza di Avere Modelli di Riferimento

Avere modelli di riferimento è fondamentale per mantenere alta la motivazione. I modelli di riferimento offrono un esempio concreto di ciò che è possibile ottenere con dedizione e duro lavoro. Essi forniscono non solo ispirazione, ma anche una guida pratica su come raggiungere i propri obiettivi.

Identificare Modelli di Riferimento: cerca individui che hanno raggiunto successi nel campo che ti interessa. Questi possono essere figure storiche, leader di settore, o persone che conosci personalmente. Studiare le loro storie, i percorsi che hanno intrapreso e le sfide che hanno superato può offrirti preziosi insegnamenti.

Apprendere dai Modelli di Riferimento: analizza le strategie e le abitudini dei tuoi modelli di riferimento. Come hanno gestito le difficoltà? Quali competenze hanno sviluppato? Quali opportunità hanno colto? Ad esempio, se il tuo modello è un noto scienziato, osserva come ha condotto la sua ricerca e quali reti professionali ha costruito. Integrare queste pratiche nel tuo percorso può accelerare il tuo successo.

Come Utilizzare l'Ikigai per Rimanere Ispirati e Motivati

L'Ikigai, che rappresenta il concetto giapponese di avere uno scopo di vita, può essere una fonte continua di ispirazione e motivazione. Integrare l'Ikigai nella tua routine quotidiana ti aiuta a mantenere un senso di significato e direzione.

Identificare il Tuo Ikigai: riflettendo su ciò che ami fare, in cosa sei bravo, cosa richiede il mondo e per cosa puoi essere pagato, puoi scoprire il tuo Ikigai. Ad esempio, se ami insegnare e sei bravo a spiegare concetti complessi, il tuo Ikigai potrebbe essere diventare un educatore o un divulgatore scientifico.

Collegare le Attività Quotidiane al Tuo Ikigai: una volta identificato il tuo Ikigai, cerca di collegare le tue attività quotidiane a esso. Ad esempio, se il tuo Ikigai è legato all'innovazione tecnologica, ogni progetto di studio, tirocinio o lavoro dovrebbe essere visto come un passo verso il contributo a quel campo. Questo ti aiuterà a mantenere alta la motivazione, poiché vedrai il significato più grande dietro ogni attività.

Riflettere Regolarmente sul Tuo Ikigai: dedica del tempo ogni giorno o settimana per riflettere sul tuo Ikigai. Chiediti se le tue azioni quotidiane sono in linea con il tuo scopo di vita. Questo non solo rafforza il tuo impegno, ma ti aiuta anche a fare aggiustamenti necessari per rimanere sulla strada giusta.

Creare una Vision Board: una vision board è un ottimo strumento per visualizzare il tuo Ikigai e rimanere ispirato. Raccogli immagini, citazioni e simboli che rappresentano i tuoi obiettivi e passioni. Posiziona la vision board in un luogo dove la vedrai spesso, come una scrivania o una parete del tuo studio. Questo ti ricorderà costantemente il tuo scopo e ti motiverà a continuare a lavorare verso i tuoi sogni.

In conclusione, trovare ispirazione in fonti diverse, avere modelli di riferimento e utilizzare l'Ikigai sono strategie potenti per mantenere la motivazione nel tempo. Questi approcci non solo ti aiutano a superare le sfide quotidiane, ma ti forniscono anche una guida e un significato più profondo nel tuo percorso accademico e personale. Investire nella tua ispirazione e motivazione ti permetterà di raggiungere i tuoi obiettivi con passione e determinazione.

Capitolo 9: Sviluppare Competenze e Abilità

Per avere successo nel percorso accademico, è essenziale sviluppare e affinare un insieme di competenze chiave. Queste competenze non solo facilitano l'apprendimento, ma preparano anche gli studenti per il futuro professionale. Tra le competenze fondamentali per il successo accademico vi sono il pensiero critico, la capacità di ricerca, la gestione del tempo, le abilità di scrittura e comunicazione, e la capacità di lavorare in gruppo. Il pensiero critico permette di analizzare e valutare le informazioni in modo approfondito, mentre la capacità di ricerca è cruciale per esplorare e comprendere nuovi concetti. La gestione del tempo aiuta a organizzare e prioritizzare le attività, essenziale per rispettare le scadenze. Le abilità di scrittura e comunicazione sono indispensabili per presentare idee in modo chiaro e persuasivo, e la capacità di lavorare in gruppo facilita la collaborazione e l'interazione con gli altri.

Competenze Attuali e Sviluppo di Nuove Competenze

Valutare le proprie competenze attuali è un passo cruciale per identificare le aree di miglioramento e pianificare lo sviluppo di nuove abilità. Un modo efficace per farlo è attraverso un'auto-valutazione onesta e approfondita. Inizia creando una lista delle competenze chiave necessarie per il tuo campo di studio.

Una volta valutate le tue competenze attuali, il passo successivo è pianificare lo sviluppo di nuove abilità. Inizia identificando le competenze che desideri migliorare o acquisire. Definisci obiettivi specifici e realistici per ogni competenza. Ad esempio, se desideri migliorare le tue abilità di scrittura, potresti stabilire l'obiettivo di scrivere un saggio extra ogni mese o di partecipare a un corso di scrittura creativa. Utilizza risorse disponibili come corsi online, workshop e tutorial per acquisire nuove competenze. La pratica costante è essenziale: cerca opportunità per applicare le nuove competenze in contesti accademici e reali. Infine, monitora i tuoi progressi regolarmente e aggiusta i tuoi obiettivi e piani di sviluppo secondo necessità. Investire nel miglioramento continuo delle tue competenze ti aiuterà a eccellere accademicamente e a prepararti per il successo futuro.

Metodi di Apprendimento Efficaci

Tecniche di Studio Avanzate

Per sviluppare competenze e abilità durante il percorso universitario, è cruciale adottare metodi di apprendimento efficaci. Tra le tecniche di studio avanzate, l'uso dell'intelligenza artificiale (IA) combinato al metodo Ikigai può portare a risultati significativi.

Una tecnica avanzata è lo *spaced repetition* (ripetizione dilazionata), che sfrutta intervalli di tempo crescenti per rivedere il materiale di studio. Utilizzare app basate su IA come Anki o Quizlet può ottimizzare questo metodo, adattando i tempi di ripetizione in base alle tue performance. Queste app possono suggerire quando rivedere un concetto specifico, migliorando così la memoria a lungo termine. Integrando l'Ikigai, puoi scegliere di concentrarti su argomenti che ti appassionano e che sono rilevanti per il tuo scopo di vita, rendendo lo studio più significativo e motivante.

Un'altra tecnica avanzata è il *mind mapping*. Questo metodo visuale aiuta a organizzare e collegare informazioni in modo intuitivo. Software di IA come MindMeister possono assisterti nella creazione di mappe mentali dinamiche, suggerendo collegamenti e aggiungendo risorse correlate. Con l'Ikigai, puoi creare mappe mentali che collegano le tue passioni, competenze e obiettivi, mantenendo il focus su ciò che è realmente importante per te.

Strategie per Migliorare la Memoria e la Comprensione

Migliorare la memoria e la comprensione richiede strategie mirate che sfruttino al meglio le tue capacità cognitive. La tecnica del *recall attivo* è particolarmente efficace. Consiste nel tentare di ricordare informazioni senza guardare i tuoi appunti, e poi verificare l'accuratezza delle tue risposte. Strumenti di IA come *chatbots educativi* possono creare quiz personalizzati per questo scopo, adattando le domande in base alle aree in cui hai più difficoltà.

Per migliorare la comprensione, *l'insegnamento agli altri* è una strategia potente. Questo approccio, noto anche come *metodo Feynman*, ti spinge a spiegare un concetto in modo semplice, evidenziando eventuali lacune nella tua comprensione. Puoi utilizzare piattaforme di IA per trovare partner di studio o partecipare a forum di discussione dove puoi insegnare ciò che hai imparato. Integrare l'Ikigai in questo processo significa scegliere di insegnare argomenti che non solo ti appassionano, ma che ritieni possano avere un impatto significativo sul mondo.

L'Importanza dell'Auto-Valutazione

L'auto-valutazione è fondamentale per monitorare i tuoi progressi e identificare le aree che necessitano di miglioramento. Il metodo Ikigai può svolgere un ruolo chiave in questo processo, aiutandoti a riflettere su come le tue attività quotidiane si allineano con il tuo scopo di vita.

Inizia tenendo un diario di studio dove annoti i tuoi obiettivi, le tecniche di studio utilizzate e le tue riflessioni quotidiane. Utilizza strumenti di IA come Grammarly per migliorare la chiarezza e la precisione delle tue annotazioni. Questo diario diventa una risorsa preziosa per l'auto-valutazione regolare, permettendoti di vedere i tuoi progressi nel tempo.

L'auto-valutazione può anche essere facilitata dall'uso di analitiche basate su IA. Piattaforme educative come Coursera e Khan Academy offrono feedback dettagliati sulle tue performance, suggerendo aree specifiche su cui concentrarti. Con l'Ikigai come guida, puoi valutare non solo le tue competenze accademiche, ma anche come queste contribuiscono al tuo sviluppo personale e professionale.

Per esempio, se stai studiando per diventare un ingegnere ambientale, potresti utilizzare l'auto-valutazione per riflettere su come i tuoi progetti di studio e le tue attività extracurriculari si collegano al tuo desiderio di contribuire alla sostenibilità ambientale. Chiediti: "Sto sviluppando le competenze necessarie per fare la differenza in questo campo? Le mie attività quotidiane riflettono il mio Ikigai?"

Infine, pratica l'auto-riflessione periodica, un pilastro del metodo Ikigai. Dedica del tempo ogni settimana per riflettere su cosa hai imparato, come ti senti riguardo ai tuoi progressi e cosa puoi migliorare. Questo non solo ti aiuta a mantenere la motivazione, ma ti assicura anche che le tue attività siano sempre in linea con il tuo scopo di vita.

L'adozione di tecniche di studio avanzate, migliorare la memoria e la comprensione, e praticare l'auto-valutazione sono metodi efficaci per sviluppare competenze e abilità durante il percorso universitario. Integrando l'IA e il metodo Ikigai, puoi rendere il processo di apprendimento più personalizzato, significativo e orientato al tuo successo a lungo termine.

Sviluppare Soft Skills

L'importanza delle Competenze Trasversali (Soft Skills)

Le soft skills, o competenze trasversali, sono fondamentali per il successo sia accademico che professionale. A differenza delle competenze tecniche, le soft skills sono abilità personali e interpersonali che influenzano il modo in cui interagiamo con gli altri e affrontiamo le sfide quotidiane. Tra queste competenze rientrano la comunicazione efficace, la leadership, il lavoro di squadra, la gestione del tempo, la risoluzione dei problemi e l'empatia. Le soft skills sono particolarmente apprezzate dai datori di lavoro, poiché contribuiscono a creare un ambiente di lavoro positivo e produttivo e facilitano la collaborazione e l'innovazione.

Come Migliorare la Comunicazione, la Leadership e il Lavoro di Squadra

Comunicazione: migliorare la comunicazione richiede pratica e consapevolezza. Un modo efficace per sviluppare questa competenza è partecipare a gruppi di studio e discussioni di classe, dove puoi esercitarti nell'articolare le tue idee e ascoltare attivamente gli altri. Puoi anche seguire corsi di public speaking o unirti a un club di dibattito. Un'altra tecnica utile è chiedere feedback sui tuoi interventi durante le presentazioni o le riunioni, per identificare aree di miglioramento.

Leadership: sviluppare la leadership implica assumere responsabilità e guidare gli altri verso un obiettivo comune. Puoi migliorare questa competenza partecipando a progetti di gruppo e assumendo ruoli di coordinamento. Cerca opportunità per guidare team in attività extracurriculari, come organizzare eventi o partecipare a comitati studenteschi. La leadership non si limita a dirigere; include anche la capacità di ispirare e motivare gli altri, e di prendere decisioni informate e etiche.

Lavoro di Squadra: per migliorare il lavoro di squadra, è importante sviluppare la capacità di collaborare efficacemente con gli altri. Partecipa a progetti di gruppo e cerca di comprendere le dinamiche di gruppo, imparando a riconoscere e valorizzare i contributi di ciascun membro. Pratica l'ascolto attivo, la negoziazione e la risoluzione dei conflitti in modo costruttivo. Il lavoro di squadra efficace richiede anche la capacità di adattarsi ai diversi stili di lavoro e di comunicazione degli altri membri del gruppo.

Esempi di Come le Soft Skills Influenzano il Successo Professionale

Le soft skills hanno un impatto significativo sul successo professionale. Ecco alcuni esempi concreti:

Comunicazione: un ingegnere con eccellenti abilità comunicative è in grado di spiegare concetti tecnici complessi in modo chiaro e comprensibile ai colleghi non tecnici, facilitando la collaborazione interfunzionale. Inoltre, una comunicazione efficace può migliorare le relazioni con i clienti, portando a una maggiore soddisfazione del cliente e a opportunità di business ripetute.

Leadership: un manager con forti capacità di leadership può ispirare e motivare il suo team, aumentando la produttività e l'engagement dei dipendenti. La leadership efficace contribuisce anche a creare un ambiente di lavoro positivo, dove i membri del team si sentono valorizzati e supportati, riducendo il turnover e migliorando la coesione del team.

Lavoro di Squadra: un professionista che eccelle nel lavoro di squadra è in grado di collaborare efficacemente con colleghi di diverse funzioni e background, contribuendo a progetti complessi e innovativi. La capacità di lavorare bene in squadra è essenziale in molti settori, dove i progetti richiedono input e collaborazione da diverse aree di competenza.

Lo sviluppo di soft skills come la comunicazione, la leadership e il lavoro di squadra è cruciale per il successo accademico e professionale. Queste competenze trasversali migliorano non solo le tue capacità di interazione e collaborazione, ma anche la tua capacità di affrontare e superare le sfide in modo efficace e creativo. Investire nello sviluppo delle soft skills ti preparerà meglio per il mercato del lavoro e ti aiuterà a costruire una carriera di successo e soddisfacente.

Applicare le Competenze nel Mondo Reale

Opportunità per Mettere in Pratica le Competenze Acquisite

Una volta acquisite nuove competenze, è fondamentale trovare opportunità per applicarle nel mondo reale. Questo non solo rafforza le abilità apprese, ma offre anche esperienze pratiche che possono essere preziose per il futuro professionale. Le università offrono numerose opportunità per mettere in pratica le competenze, come laboratori, progetti di ricerca, e competizioni accademiche. Inoltre, molti corsi includono componenti pratiche che permettono di applicare la teoria appresa in classe a situazioni concrete.

Stage, Progetti Pratici e Volontariato

Gli stage, i progetti pratici e il volontariato sono ottimi modi per applicare le competenze nel mondo reale.

Stage: gli stage offrono esperienze dirette nel settore di interesse, permettendo di acquisire competenze specifiche e di comprendere meglio le dinamiche del lavoro. Durante uno stage, è possibile lavorare su progetti reali, ricevere feedback dai professionisti del settore e costruire una rete di contatti. Per esempio, uno studente di ingegneria può svolgere uno stage in un'azienda di sviluppo software, applicando le competenze tecniche apprese durante gli studi a progetti concreti.

Progetti Pratici: partecipare a progetti pratici, sia all'interno che all'esterno dell'università, è un'altra ottima opportunità per applicare le competenze. Questi progetti possono includere competizioni accademiche, hackathon, o collaborazioni con aziende locali. Ad esempio, uno studente di marketing potrebbe lavorare su un progetto di marketing digitale per una startup, sviluppando strategie di promozione e analizzando i dati di marketing per migliorare le campagne.

Volontariato: il volontariato permette di applicare competenze in un contesto che contribuisce al bene comune. Le esperienze di volontariato possono variare dall'insegnamento di competenze informatiche in scuole locali alla partecipazione a progetti di conservazione ambientale. Queste esperienze non solo arricchiscono il curriculum, ma offrono anche un senso di realizzazione personale e un'opportunità di fare la differenza nella comunità.

Come l'Ikigai può Guidare lo Sviluppo Professionale

Il concetto di Ikigai che (ripetiamo) rappresenta la convergenza di ciò che ami fare, in cosa sei bravo, cosa il mondo ha bisogno e per cosa puoi essere pagato, può essere una guida preziosa per lo sviluppo professionale. Integrare l'Ikigai nel percorso professionale aiuta a trovare significato e soddisfazione nel lavoro.

Identificare Opportunità in Linea con l'Ikigai - Quando cerchi opportunità di stage, progetti o volontariato, valuta se queste attività si allineano con il tuo Ikigai. Ad esempio, se il tuo Ikigai è legato alla sostenibilità ambientale, cerca opportunità in aziende o organizzazioni che lavorano nel campo dell'energia rinnovabile o della conservazione.

Riflettere sulle Esperienze - Durante e dopo ogni esperienza pratica, riflettete su come questa abbia contribuito al tuo Ikigai. Chiediti se l'attività ti ha appassionato, se hai utilizzato le tue competenze al massimo e se hai contribuito a qualcosa di significativo. Questa riflessione ti aiuterà a comprendere meglio cosa cercare in future opportunità professionali.

Sviluppare un Piano di Carriera - Utilizza il tuo Ikigai per sviluppare un piano di carriera che ti guidi verso obiettivi a lungo termine. Identifica le competenze necessarie per raggiungere questi obiettivi e cerca opportunità di apprendimento e applicazione che ti aiutino a svilupparle. Ad esempio, se aspiri a diventare un leader nel campo della tecnologia educativa, pianifica di acquisire competenze in sviluppo software, gestione di progetti e pedagogia, cercando stage e progetti che ti permettano di applicare queste competenze in contesti reali.

Crescita Continua

L'importanza dell'apprendimento continuo

L'apprendimento continuo è fondamentale per mantenere la rilevanza e il successo sia nel mondo accademico che in quello professionale. Le competenze richieste nel mercato del lavoro evolvono costantemente, e solo chi è disposto a continuare ad imparare può rimanere competitivo. Questo non riguarda solo l'acquisizione di nuove conoscenze, ma anche l'aggiornamento e il perfezionamento delle competenze esistenti. L'approccio all'apprendimento continuo permette di adattarsi ai cambiamenti, risolvere problemi complessi e cogliere nuove opportunità di crescita, alimentando un ciclo di miglioramento personale e professionale.

Come cercare sempre nuove opportunità di crescita

Per cercare nuove opportunità di crescita, è fondamentale adottare un approccio proattivo. Partecipare a corsi e workshop è un ottimo modo per arricchire le proprie competenze. Piattaforme online come Coursera, edX e LinkedIn Learning offrono una vasta gamma di corsi su argomenti rilevanti per vari settori. La lettura regolare di libri, articoli e riviste specializzate aiuta a rimanere aggiornati sulle ultime tendenze e innovazioni. Partecipare a conferenze, eventi di networking e gruppi professionali permette di incontrare esperti del settore, scambiare idee e scoprire nuove opportunità di crescita. Cercare feedback dai propri superiori, colleghi e mentori è cruciale per identificare le aree di miglioramento e sviluppare un piano di crescita personalizzato.

Esempi di persone che hanno fatto del miglioramento personale una priorità

Molte persone di successo hanno fatto dell'apprendimento continuo una priorità nella loro vita.

Satya Nadella, CEO di Microsoft, ha trasformato la cultura aziendale di Microsoft ponendo l'accento sull'apprendimento continuo. Nadella incoraggia i dipendenti a essere curiosi, a sperimentare e a imparare costantemente per innovare e adattarsi ai cambiamenti del mercato.

Malala Yousafzai, attivista per l'educazione e la più giovane vincitrice del Premio Nobel per la Pace, rappresenta un altro esempio di dedizione al miglioramento personale. Nonostante le avversità, Malala ha continuato a studiare e a promuovere l'importanza dell'istruzione per le ragazze in tutto il mondo. La sua storia ispira milioni di persone a non smettere mai di imparare e a lottare per i propri diritti.

Serena Williams, una delle più grandi tenniste di tutti i tempi, ha dimostrato che il miglioramento personale è un processo continuo. Nonostante i suoi numerosi successi, Serena ha sempre cercato di migliorare il suo gioco, lavorando con allenatori, analizzando le sue performance e cercando di superare se stessa in ogni partita.

In conclusione, la crescita continua è essenziale per il successo a lungo termine. Adottare un approccio proattivo nell'apprendimento e cercare costantemente nuove opportunità di crescita permette di rimanere competitivi e di realizzare il proprio potenziale. Ispirarsi a persone che hanno fatto del miglioramento personale una priorità può motivarci a fare lo stesso e a perseguire una vita di apprendimento e sviluppo continuo.

Capitolo 10: Prepararsi al Futuro Professionale

Scegliere la carriera giusta è una delle decisioni più importanti che uno studente deve affrontare. Questo processo può sembrare intimidatorio, ma con un approccio strategico e riflessivo, è possibile fare una scelta informata e soddisfacente. La chiave è identificare una carriera che sia in linea con le proprie passioni, competenze e valori.

Il primo passo è esplorare le diverse opzioni di carriera disponibili. Questo può includere ricerche online, parlare con professionisti del settore, partecipare a fiere del lavoro e fare stage o tirocini. Queste esperienze offrono una panoramica delle diverse professioni e dei requisiti necessari per ciascuna.

È anche utile valutare le prospettive future di diverse carriere. Alcuni settori possono offrire maggiore sicurezza lavorativa e opportunità di crescita rispetto ad altri. Consultare statistiche e previsioni sul mercato del lavoro può fornire informazioni preziose su quali professioni sono in crescita e quali potrebbero essere più stabili nel lungo termine.

L'importanza di Conoscere le Proprie Passioni e Competenze

Conoscere le proprie passioni e competenze è cruciale per scegliere una carriera che non solo sia remunerativa, ma anche gratificante. Le passioni sono le attività che ti entusiasmano e che faresti volentieri anche senza essere pagato. Le competenze, invece, sono le abilità e le conoscenze che hai acquisito attraverso l'istruzione, l'esperienza e la formazione.

Identificare le proprie passioni può essere un processo di scoperta. Rifletti su ciò che ti piace fare nel tempo libero, sui tuoi hobby e sulle attività che ti fanno perdere la nozione del tempo. Potrebbe trattarsi di scrivere, risolvere problemi tecnici, aiutare gli altri, lavorare con i numeri o creare arte. Le passioni spesso indicano aree in cui potresti essere naturalmente talentuoso e motivato.

Le competenze, d'altra parte, possono essere valutate attraverso l'analisi delle tue esperienze passate. Esamina i tuoi successi accademici e professionali per identificare le abilità che hai sviluppato. Potresti scoprire di avere competenze in gestione del progetto, comunicazione, analisi dei dati, programmazione, design, ecc. È utile fare un inventario delle tue competenze e considerare come queste possono essere applicate in diverse carriere.

Esercizi di Auto-Riflessione per l'Orientamento Professionale

L'auto-riflessione è un potente strumento per l'orientamento professionale. Prendersi il tempo per riflettere su se stessi aiuta a chiarire i propri desideri, valori e obiettivi. Ecco alcuni esercizi di auto-riflessione che possono facilitare questo processo:

1. **Diario delle Passioni**: Dedica un diario esclusivamente alle tue passioni. Ogni giorno, scrivi delle attività che ti hanno reso felice o che ti hanno entusiasmato. Dopo qualche settimana, rileggi il diario e cerca schemi ricorrenti. Questo ti aiuterà a identificare le aree che ti appassionano di più.

2. **SWOT Personale**: Fai un'analisi SWOT (Strengths, Weaknesses, Opportunities, Threats) di te stesso. Identifica i tuoi punti di forza e di debolezza, le opportunità che puoi sfruttare e le minacce che potresti affrontare. Questo esercizio ti aiuta a comprendere meglio te stesso e a pianificare come superare le sfide.

3. **Visualizzazione del Futuro**: Prenditi del tempo per visualizzare il tuo futuro ideale. Immagina dove ti vedi tra cinque o dieci anni. Che tipo di lavoro fai? Quali sono le tue responsabilità? Come ti senti nel tuo ruolo? Questa visualizzazione ti aiuta a delineare un percorso chiaro verso i tuoi obiettivi professionali.

4. **Test delle Carriere**: Esistono numerosi test di orientamento professionale disponibili online che possono fornire spunti utili. Questi test valutano le tue preferenze, abilità e interessi per suggerire carriere che potrebbero essere adatte a te. Anche se non sono definitivi, possono offrire una buona base di partenza per ulteriori ricerche.

5. **Consigli da Mentori**: Parla con persone che ammiri e che hanno carriere che ti interessano. Chiedi loro come hanno scelto la loro carriera, quali sfide hanno affrontato e quali consigli hanno per qualcuno che è all'inizio del percorso. I mentori possono fornire preziose intuizioni e guidarti nel prendere decisioni informate.

6. **Feedback da Altri**: Chiedi feedback a familiari, amici e colleghi su quali pensano siano i tuoi punti di forza e

debolezza. A volte, gli altri possono vedere qualità in te che potresti non riconoscere.

Scegliere la carriera giusta richiede un equilibrio tra esplorazione delle opzioni, conoscenza di sé e riflessione profonda. Conoscere le proprie passioni e competenze, e utilizzare strumenti di auto-riflessione, può facilitare questo processo. Adottando un approccio proattivo e riflessivo, puoi prendere decisioni più informate e trovare una carriera che sia non solo remunerativa, ma anche soddisfacente e allineata con i tuoi valori e interessi.

Prepararsi ai Colloqui di Lavoro

Come prepararsi efficacemente per i colloqui

Prepararsi efficacemente per i colloqui di lavoro è essenziale per fare una buona impressione e aumentare le probabilità di successo. Il primo passo è fare una ricerca approfondita sull'azienda e sulla posizione per cui ti stai candidando. Conoscere la missione, i valori, i prodotti o servizi e la cultura aziendale ti permetterà di rispondere alle domande in modo più mirato e dimostrare il tuo interesse genuino. Inoltre, esamina attentamente la descrizione del lavoro e identifica le competenze e le esperienze chiave richieste. Preparati a discutere di come le tue esperienze passate e le tue competenze ti rendano un candidato ideale per la posizione.

Tecniche di intervista e simulazioni

Le tecniche di intervista e le simulazioni possono aiutarti a sentirti più sicuro e preparato durante il colloquio. Una tecnica utile è la STAR (Situation, Task, Action, Result), che ti aiuta a strutturare le risposte alle domande comportamentali. Ad esempio, se ti viene chiesto di descrivere una situazione in cui hai risolto un problema complesso, puoi spiegare la situazione, il compito che dovevi svolgere, le azioni che hai intrapreso e i risultati ottenuti.

Le simulazioni di intervista, anche chiamate mock interviews, sono un altro strumento efficace. Chiedi a un amico, un mentore o un consulente di carriera di farti delle domande tipiche del colloquio e di darti feedback sulle tue risposte. Questo esercizio ti permette di praticare le risposte, migliorare la tua comunicazione e ridurre l'ansia. Registrare le simulazioni può anche essere utile per rivedere le tue performance e identificare aree di miglioramento.

Come presentarsi in modo professionale

Presentarsi in modo professionale è cruciale per fare una buona impressione durante un colloquio di lavoro. Vestirsi in modo appropriato è il primo passo: scegli un abbigliamento che rispecchi la cultura dell'azienda e che sia adatto alla posizione per cui ti stai candidando. Anche se molte aziende adottano un dress code casual, è sempre meglio essere leggermente più formali che troppo informali.

La puntualità è fondamentale. Arriva con almeno 10-15 minuti di anticipo per dimostrare che sei organizzato e rispettoso del tempo altrui. Porta con te una copia del tuo curriculum, una lista di referenze e un taccuino per prendere appunti.

Durante il colloquio, mantieni un linguaggio del corpo positivo. Sorridi, stringi la mano con fermezza, mantieni il contatto visivo e siediti con una postura aperta e sicura. Ascolta attentamente le domande dell'intervistatore e rispondi in modo chiaro e conciso. Evita di interrompere e prenditi qualche secondo per riflettere prima di rispondere alle domande difficili.

Infine, prepara alcune domande da porre all'intervistatore. Questo dimostra il tuo interesse per la posizione e ti offre l'opportunità di capire meglio se l'azienda è adatta a te. Domande su aspetti della cultura aziendale, le aspettative per il ruolo e le opportunità di sviluppo professionale sono sempre apprezzate.

In conclusione, prepararsi ai colloqui di lavoro richiede ricerca, pratica e attenzione ai dettagli. Utilizzando tecniche di intervista e simulazioni, e presentandoti in modo professionale, puoi aumentare le tue probabilità di successo e fare una buona impressione sui potenziali datori di lavoro.

Continua Crescita Professionale

L'importanza dell'apprendimento continuo nel mondo del lavoro

L'apprendimento continuo è cruciale nel mondo del lavoro odierno, caratterizzato da rapidi cambiamenti tecnologici e di mercato. Mantenersi aggiornati con le ultime tendenze, tecnologie e metodologie permette di rimanere competitivi e rilevanti nel proprio campo. L'apprendimento continuo non solo migliora le competenze tecniche, ma sviluppa anche le soft skills, come la capacità di adattamento, la risoluzione dei problemi e la leadership. Questo atteggiamento proattivo favorisce una carriera sostenibile e di successo, poiché dimostra ai datori di lavoro la volontà di crescere e migliorare costantemente.

Come cercare opportunità di crescita e sviluppo professionale

Cercare opportunità di crescita e sviluppo professionale richiede un approccio attivo e strategico. Ecco alcuni modi per farlo:

1. **Formazione continua**: Iscriviti a corsi, seminari e workshop che offrono aggiornamenti sulle nuove tecnologie e pratiche del settore. Piattaforme online come Coursera, Udemy e LinkedIn Learning offrono una vasta gamma di corsi su argomenti specifici.

2. **Certificazioni professionali**: Ottenere certificazioni riconosciute nel tuo settore può aumentare la tua credibilità e aprire nuove opportunità di carriera. Ad esempio, un professionista IT potrebbe ottenere certificazioni in ambito di sicurezza informatica o gestione di reti.

3. **Mentorship**: Cercare un mentore può offrire preziose informazioni e consigli per la tua crescita professionale. I mentori possono aiutarti a navigare le sfide della carriera e a identificare le aree di miglioramento.

4. **Network professionale**: Partecipare a eventi di networking, conferenze e associazioni professionali ti permette di connetterti con altri professionisti, scambiare idee e scoprire nuove opportunità di crescita.

5. **Esperienze lavorative diversificate**: Accettare incarichi che ti espongono a nuove sfide e responsabilità può accelerare il tuo sviluppo professionale. Non aver paura di uscire dalla tua zona di comfort e cercare ruoli che ti permettano di acquisire nuove competenze.

Esempi di persone che hanno avuto successo grazie alla loro continua crescita

Sheryl Sandberg, COO di Facebook, ha sempre sottolineato l'importanza della crescita personale e professionale. Attraverso il suo libro "Lean In", ha condiviso l'importanza di affrontare le sfide e di cercare costantemente nuove opportunità per crescere.

Tim Cook, CEO di Apple, ha continuato a sviluppare le sue competenze e a crescere professionalmente anche dopo aver raggiunto la vetta della sua carriera. La sua attenzione all'innovazione e al miglioramento continuo ha mantenuto Apple all'avanguardia nel settore tecnologico.

Sundar Pichai, CEO di Alphabet Inc. e Google LLC, è un esempio innovativo di successo grazie alla continua crescita professionale. Nato in India, ha studiato ingegneria al IIT Kharagpur, poi ha conseguito un Master a Stanford e un MBA alla Wharton School. Entrato in Google nel 2004, ha guidato lo sviluppo di Google Chrome, dimostrando competenza tecnica e capacità di leadership. La sua ascesa è stata caratterizzata da un costante apprendimento e adattabilità, culminando nella sua nomina a CEO. Pichai incarna come l'educazione continua e l'innovazione personale possano portare a traguardi straordinari.

Conclusioni

Il percorso universitario rappresenta una fase cruciale e trasformativa nella vita di ogni studente, caratterizzata da sfide, scoperte e opportunità di crescita personale e professionale. Attraverso questo libro, abbiamo esplorato come l'applicazione del metodo Ikigai possa offrire una guida essenziale per affrontare questo periodo con serenità, consapevolezza e successo. L'Ikigai, concetto giapponese che si traduce in "ragione di essere", è stato il filo conduttore del nostro viaggio, fornendo una bussola per navigare nelle acque spesso turbolente dell'università.

Integrare l'Ikigai nella vita universitaria aiuta a mantenere il focus su ciò che realmente importa. Scoprire il proprio Ikigai significa identificare l'intersezione tra ciò che ami fare, in cosa sei bravo, cosa il mondo ha bisogno e per cosa puoi essere pagato. Questo processo di auto-riflessione e scoperta personale non solo motiva gli studenti a eccellere nei loro studi, ma dà anche un senso di scopo e direzione, riducendo l'ansia e lo stress che spesso accompagnano il percorso accademico.

Uno degli aspetti più critici del metodo Ikigai è l'importanza di conoscere le proprie passioni e competenze. Gli studenti che comprendono cosa li entusiasma e dove risiedono i loro punti di forza sono in una posizione migliore per scegliere corsi e attività extracurriculari che non solo li interessano, ma che anche li aiutano a sviluppare ulteriormente le loro abilità. Questo allineamento tra interesse personale e impegno accademico facilita una maggiore motivazione e un senso di realizzazione, rendendo l'apprendimento un'esperienza piacevole piuttosto che un obbligo.

La gestione del tempo e delle priorità è un'altra area in cui il metodo Ikigai si rivela prezioso. Pianificare le giornate e stabilire obiettivi chiari, specifici e misurabili, consente agli studenti di mantenere il controllo sul loro percorso accademico. L'uso di tecniche come il time blocking e il metodo Pomodoro può migliorare significativamente la produttività e ridurre la procrastinazione. La chiave è dedicare tempo non solo allo studio, ma anche alle attività che nutrono lo spirito e ricaricano le energie, mantenendo un equilibrio sano tra vita accademica e personale.

Affrontare lo stress e l'ansia è una parte inevitabile della vita universitaria. Tuttavia, pratiche come la mindfulness e la meditazione, combinate con una riflessione continua sull'Ikigai, possono aiutare a mantenere la calma e la concentrazione. Creare un ambiente di studio sereno e organizzato contribuisce a ridurre le distrazioni e a migliorare l'efficacia dello studio, mentre l'attività fisica regolare supporta il benessere fisico e mentale.

Le relazioni significative e le reti di supporto sono fondamentali per il successo universitario. Costruire e mantenere connessioni con compagni di corso, professori e mentori offre non solo supporto emotivo, ma anche opportunità di crescita e sviluppo professionale. Partecipare a gruppi di studio, eventi di networking e attività extracurricolari facilita la creazione di una rete solida che può essere di grande aiuto durante e dopo gli anni universitari.

Infine, la preparazione per il futuro professionale è essenziale per trasformare l'istruzione in opportunità concrete. Il metodo Ikigai incoraggia gli studenti a riflettere profondamente sulle loro aspirazioni professionali e a cercare esperienze che allineino le loro passioni con le esigenze del mercato del lavoro. Questo approccio strategico non solo aumenta le possibilità di successo nei colloqui di lavoro, ma assicura anche che le scelte di carriera siano soddisfacenti e significative a lungo termine.

In conclusione, l'integrazione del metodo Ikigai nel percorso universitario non è solo utile, ma necessaria per affrontare le sfide accademiche con serenità e determinazione. Fornisce una struttura per la crescita personale e professionale, aiutando gli studenti a trovare equilibrio, motivazione e scopo. Con l'Ikigai come guida, gli studenti possono navigare il loro percorso universitario con maggiore consapevolezza e sicurezza, preparandosi a costruire una vita piena di significato e successo.

Se pensi che questo libro ti sia piaciuto e ti abbia aiutato, ti chiedo solo di dedicare pochi secondi a lasciare una breve recensione su Amazon!

Grazie

[Leonardo Moriso]